인생은 습관이 전부다

인생은 습관이 전부다

발행일	2023년 9월 20일

지은이	김윤정 · 김효진 · 백란현 · 서영식 · 송슬기 · 이현주 · 장춘선 · 정은정 · 조보라 · 홍지연		
펴낸이	손형국		
펴낸곳	(주)북랩		
편집인	선일영	편집	윤용민, 배진용, 김부경, 김다빈
디자인	이현수, 김민하, 김영주, 안유경	제작	박기성, 구성우, 배상진
마케팅	김회란, 박진관		
출판등록	2004. 12. 1(제2012-000051호)		
주소	서울특별시 금천구 가산디지털 1로 168, 우림라이온스밸리 B동 B113~114호, C동 B101호		
홈페이지	www.book.co.kr		
전화번호	(02)2026-5777	팩스	(02)3159-9637

ISBN	979-11-93304-59-4 03190 (종이책)	979-11-93304-60-0 05190 (전자책)

(주)북랩 성공출판의 파트너
북랩 홈페이지와 패밀리 사이트에서 다양한 출판 솔루션을 만나 보세요!
홈페이지 book.co.kr • **블로그** blog.naver.com/essaybook • **출판문의** book@book.co.kr

작가 연락처 문의 ▸ ask.book.co.kr

작가 연락처는 개인정보이므로 북랩에서 알려드릴 수 없습니다.

인생은 ── 습관이 전부다

자기 계발과 성장을 위한
진짜 습관 만들기

김윤정

김효진

백란현

서영식

송슬기

이현주

장춘선

정은정

조보라

홍지연

 북랩

들어가는 글

"백작(白作)은 하루가 48시간인가 봐."

자이언트 북 컨설팅 작가들이 나에게 자주 하는 말이다. 책 쓰기, 강의 듣기부터 잠실 교보문고에서 열리는 행사 참석까지. 매번 모습을 드러내니 시간을 어떻게 관리하며 사는지 궁금하단다. 시간 관리 전자책을 써보면 어떻겠냐고 권하는 작가도 있다. 관심과 격려에 고맙지만 한편으로는 부끄럽다. 멍하게 보내는 시간도 많기 때문이다.

'습관'이란 키워드를 전해 들었을 때 이번엔 원고 완성이 어렵겠구나 생각했다. 자기 계발서는 내 삶을 점검해보는 안내서인데 습관에 대한 책을 어떻게 쓸 수 있을지 걱정부터 앞섰다. 내세울 만한 습관도 떠오르지 않았다.

책, 패드, 메모지, 화장품, 충전 선, 3단 우산, 마시던 물, 읽고 있는 논문. 대구교대 생활관 2인실을 혼자 쓰면서 발 디딜 틈 없이 물건을 늘어놓았다. 정리 정돈과는 거리가 멀다. 퇴실하는 날 절반은 버리고 가지 않을까 싶다. 버린 후에는 집에 가서 물건 없어졌다고 찾는 일 여러 번 생길 터다. 기본적인 정리 정돈 습관조차 나에게는 없다. 함께 살고 있는 세 자매 아빠도 내 방 정리는 포기했을 정도다. 다행히 생활 습관 부분은 함께한 공저자들이 채워줄 것이다. '습관'을 '꾸준함'으로 바꾸어 생각해보았다. 교사이자 작가로 살아오면서 습관이라고 내세울 수 있는 무언가가 분명히 있을 것이라고 기대하며 내 모습을 관찰하기 시작했다.

이 책에 함께 이름을 올린 작가들도 글을 쓰기 전에는 나처럼 무슨 말부터 써야 할까 고민되었을 것이다. 고민을 글로 바꾼, 행동하는 작가들 덕분에 한 권의 책이 완성되었다. 독자 앞에 처음으로 작가라고 소개하는 사람도 있다. 각자 살아온 환경이 다르고 가지고 있는 습관도 다양하겠지만 한 명의 독자라도 돕겠다는 마음 하나로 함께 원고를 썼다.

독자들을 위한 책이 작가의 습관 유지에도 도움이 되겠다 싶다. '습관' 키워드를 듣고 걱정부터 했던 나의 모습이 민망할 정도다. 이번 기회를 통해 어떤 주제의 글을 쓰더라도 '이 글을 쓰는 이유는 무엇일까, 어떻게 써야 독자를 도울 수 있을까' 등 생산적으로 생각하는 습관을 가져보려고 한다.

'한마음'이라는 이름으로 작가들과 소통하고 책도 내고 싶었다. 책 표지에 나란히 적힌 저자 이름처럼 우리도 서로 아껴주는 사이가 되리라는 기대를 가지고 있다. 업무로 만나는 회사 사람, 가뭄에 비 오듯 만나는 친구보다는 작가로서 매주 함께 공부하는 우리들이 더 가까운 친구라고 느꼈다. 같은 주제로 글을 쓰면서 삶을 나누게 되면 공저에 담긴 이야기만큼 서로 깊이 알아갈 수 있다.

서둘러 한 사람씩 전화 통화를 했다. 각자의 자리에서 분주하게 살아가는 이들이 과연 나와 함께할까 염려도 되었다. 전화기 너머 들려오는 목소리마다 상냥했다. 한 달 동안은 집필에 우선순위를 둘 수 있는지 물었다. 모두 가능하다고 한다. 나만 잘하면 된다는 결론을 내렸다. 공저 집필을 최우선으로 여겼다. 대학원 계절제 3학기 과정을 포기하겠다는 각오까지 하면서 원고 수정 과정을 거쳤다.

글쓰기에 우선순위를 두는 '한마음' 작가님들을 바라보면서 이러한 모습도 작가로서 가져야 할 습관이자 태도라고 생각했다. 작가로서 한 문장, 한 문장 정성을 들였다. 작가로서 가져갈 또 하나의 습관을 얻었다. 글 쓰는 행위 못지않게 서로를 위하는 행동도 중요하다. 함께 글 쓰면서 더 끈끈해졌다. 오픈채팅방에서 서로에게 했던 격려의 기운이 책에도 스며들었을 것이다. 다른 사람을 위하는 마음과 행동을 습관으로 가진 덕분에 우리 글이 독자를 만나게 되어 감사하다.

『인생은 습관이 전부다』는 1장 「왜 습관이 중요한가」, 2장 「나를 성장하게 만든 습관」, 3장 「좋은 습관 만드는 방법」, 4장 「습관 지속의 열쇠」로 구성되어 있다. 1장에서는 열 명의 저자가 습관의 중요성을 강조하였고, 2장에서는 저자들 각자의 이야기를 꺼내놓았다. 좌충우돌 살아온 삶 속에서 건져 올린 성장 습관은 독자들에게 울림이 있을 것이라 생각한다.

3장 「좋은 습관 만드는 방법」이 바로 이 공저의 핵심이라 볼 수 있다. 이 책을 손에 쥔 독자라면 자기 계발과 성장에 관심이 많을 것이다. 3장에 쓰여 있는 방법 중에 독자들이 내 것으로 가져갈 수 있는 내용이 분명 있을 것이다. 그리고 독자들이 4장을 읽고 삶에 적용한다면 '습관'이란 단어를 굳이 사용하지 않더라도 지속하는 힘을 가지게 되리라 확신한다.

1장과 2장도 정성을 다해 썼지만, 특히 3장과 4장은 공저의 장점을 발휘한 부분이다. 책을 차례대로 읽거나 작가를 구분하여 읽는 것도 괜찮겠지만, 지금 당장 습관 유지에 대한 핵심을 찾는다면 3장과 4장을 우선 읽어볼 것을 권해드린다.

먼저 읽고 각자의 삶에 적용하자. 그리고 내 마음속에 기억할 문장 밑줄 쳐서 사랑하는 사람에게 선물하자. 이 책 덕분에 독자들이 책 읽기 전보다 조금이라도 성장했다는 후기를 듣는다면 그야말로 작가로서 평생 감사할 일이 될 것이다.

공저를 함께 쓰면서 아홉 명 저자의 습관에 대해 배우게 되어 다행이라 생각한다. 공저자들은 모두 자이언트 북 컨설팅을 만나 읽고 쓰는 삶을 살고 있다. 작가로서의 실적보다도 삶의 태도를 먼저 가르치는 이은대 대표 덕분에 함께 마음을 모을 수 있었다. 혼자 있을 때조차 우리가 책에 쓴 습관을 이어가는 작가로서 삶과 글이 일치하도록 오늘을 살아가기를 꿈꾼다.

좋은 마음으로 우리 책을 선택하고 읽어주는 분들에게 감사드린다.

2023년 9월
작가 백란현

CONTENTS

2장 나를 성장하게 만든 습관

3장 좋은 습관 만드는 방법

4장 습관 지속의 열쇠

1장

왜 습관이 중요한가

작은 행동의 시작

— 김윤정

최근 들어 아파트 현관문과 우편함 앞에 멋진 사람들이 자주 보인다. 헬스장 광고 사진에는 몸매가 빼어난 모델들이 근육을 자랑한다. 또 다른 광고에는 민간자격증과 국가자격증을 취득할 수 있다며 안경 쓴 선생님이 팔짱 끼고 서 있다. 영어학원 광고 사진에는 한 달 만에 원어민과 영어로 대화할 수 있다며 귀여운 아이가 손을 흔들고 있다. 빨간색 큼지막한 글씨는 보너스다. 뜯어서 쓰레기통으로 넣었다. 스마트폰을 열었다. 이제는 움직이는 영상으로 오감을 자극한다. 짧은 영상을 본 후 스마트폰을 닫았다. 나와는 상관없다는 생각이 들었다.

광고지와 스마트폰에서 습관을 바꾸면 성공한다는 문구가 보인다. 좋은 습관 기르는 방법을 공통적으로 알려준다. 그런데 나는 좋은 습관이라고 할 만한 것을 가지고 있지 않다. 습관이라는 단어를 인터넷 검색 창에 입력했다. 미라클 모닝, 물 한 잔 마시기, 계단 오르기, 자기 전에 글쓰기와 책 읽기, 마음수련 등이 나를 성장시키는 원동력이라고 한다. 자기 계발에 필요한 행동의 글들로 가득하다. 언어 습관, 행동 습관, 나쁜 습관 등 검색어들은 끝이 없다. 그중 단연코 부자들이 하는 실천에 눈길이 간다. 부자의 실천 방법이 사회를 주도하고 성공하는 삶이라 홍보까지 한다.

가시밭길보다는 꽃길로 가고 싶은 게 인지상정이다. 어려운 문제를 풀기보다는 쉬운 문제를 선택하며, 중력의 힘으로 높은 곳에서 낮은 곳으로 끌어당기는 편한 길로 가려는 것은 본능이다. 나는 새벽 4시에 일어난다는 미라클 모닝보다 5분만 더 자기를 원한다. 몸을 움직이는 동적인 활동보다 가만히 앉아서 하는 정적인 활동이 더 좋다. 주말에는 집에서 쉬고 싶다. 그렇다면 나는 성공하지 못하는 삶을 사는 것일까. 나에게도 좋은 습관이 있지 않을까.

여동생에게서 전화가 걸려 왔다. 평소에는 경쾌한 벨 소리가 오늘따라 유난히 뾰족한 가시가 되어 신경을 찌른다. 대화는 저절로 습관으로 이어졌다. 이런저런 얘기를 나눈 지 얼마 되지 않았을 때였다.

"언니, 니는 할배 닮았다 아이가."

무슨 뜻이냐고 내가 되물었다.

"할배 닮아서 청소 잘하고 물건들이 지저분하면 정리 잘한다 아이가."

전화를 끊고 난 후, 내가 그랬던가 하고 생각에 잠겼다.

어촌마을에서 살았다. 중학교 졸업할 때까지 그곳에서 할머니, 할아버지와 함께 보냈다. 할아버지는 동트기도 전에 일어났다. 바로 세수하고 생수 한 컵을 마셨다. 그런 다음 수수 빗자루 들고 마당과 집 앞 거리를 쓸었다. 빗질 소리는 나를 깨우는 기상 알람 소리였다. 할아버지가 내 방문을 여는 소리가 들리면 나는 일부러 눈을 세게 감고 이불을 끌어당겼다. 5분만 더 자고 싶다는 손녀의 바람도 무색하게 이불을 갰다. 미적거리다가는 손에 들고 있던 빗자루가 몽둥이로 변한다. 엉덩이에 불이 나기 직전 바로 일어났다. 할아버지는 내가 일어나면 어김없이 방바닥을 쓸었다. 나는 수면 부족이라며 아침부터 툴툴거렸다. 주말에는 늦잠을 자게 놔줄 법도 한데, 절대 그런 일은 허용되지 않았다. 아침마다 기상 전쟁이다.

할아버지가 마당을 쓸고 계신 모습을 본 적이 있다. 내 눈에 보이지 않는 흙먼지도 구석구석 잘 찾아냈다. 나이가 들면 시력이 떨어진다는 말은 할아버지에게 해당되지 않는 것 같았다. 마당은 그 집의 얼굴이라며 항상 정리 정돈이 된 모습이어야 한다고 말씀하셨다. 그래서인지 우리 집 마당은 낙엽 한 잎, 지푸라기 한 가닥도 용납되지 않았다. 나는 일부러 돌부리를 툭툭 차며 마당으로 들어오곤 했다. 괜한 심술인 셈이다.

아래채에는 아궁이에 장작을 넣고 불을 땠다. 할아버지는 아침을 드시고 나면 지게를 짊어지고 매일 산으로 올라가셨다. 반나절 동안 나무를 한 짐 크게 해 왔다. 마당에 풀어놓고 도끼를 사용해 나무를 쪼갰다. 나는 혹시나 토막을 정리하라고 시킬까 봐 한참 동안 밖에서 친구들과 놀다 들어왔다. 그동안 할아버지는 아궁이 맞은편 빈 곳에 테트리스 게임을 하듯 나무를 겹겹이 포개어 얹어놓았다. 항상 내 키보다 훨씬 높이 쌓여 있었다. 매일 아궁이에 불을 땠지만, 절대 그 높이에서 나무가 내려오는 일은 없었다. '다른 곳에서 장작을 가져와서 사용하나'라고 생각했다.

할아버지의 손길은 여름이면 장미꽃, 가을이면 국화꽃으로 향기를 만들어냈다. 지금까지 내가 제일 좋아하는 꽃이 바로 빨간 장미와 노란 국화인 이유가 여기에 있다. 여름과 가을이면 우리 집 마루는 사랑방이 된다. 마을 사람들은 우리 집에 들어오면 항상 깨끗하다고 칭찬이 자자했다.

간호사로 사회생활을 시작했다. 간호사에게는 물품 관리와 위생, 청결이 꼬리표처럼 따라다닌다. 남들은 귀찮다는 정리 정돈이 오히려 나는 신이 났다. 야간 근무를 할 때도 청소하는 시간이 제일 좋았다. 구석구석 흩어져 있는 물품을 정리해서 줄 맞춰 넣었다. 기한이 지난 것들은 논에서 피를 뽑듯 쏙쏙 골라냈다. 환자 게시판도 마찬가지다. 지저분하다 싶으면 다 지워서 첫 병실 환자부터 마지막 병실의 환자까지 이름, 나이, 병명을 고딕체로 반듯하게 적었다. 동료들은 유별나다고 말했다. 그럴 때마다 몰래 물건들을 정리하기도 했다. 깨끗해지고 나면 다음 일을 할 때 자신감이 생겼고 기분도 좋아졌다.

지금 나는 할아버지의 부지런한 성향을 그대로 이어받은 것 같다.

아침 6시가 되면 저절로 눈이 떠진다. 제일 먼저 밖으로 나가 이불을 털고 장에 넣는다. 아무리 바빠도 물걸레로 바닥에 있는 먼지를 닦아낸다. 그리고 아들을 깨우러 방으로 들어간다. "5분만 더" 하며 이불을 꽁꽁 싸매 안는 모습이 그 시절 내 모습과 참 닮았다. 전날 설거지한 그릇은 정리해서 찬장에 올려놓고 아무 데나 벗어놓은 아들과 신랑 옷은 세탁 바구니에 넣는다. 현관은 물티슈로 깨끗이 닦는다. 신발은 모두 신발장에 정리한다. 아침마다 할아버지가 하신 작은 행동들이 나도 모르게 내게 스며들었다.

작은 목표를 세워 성취함으로써 하루를 시작한다. 아파트 현관문에 붙어 있던 홍보와 스마트폰 광고에서 말하는 변화는 작은 행동이 모여야 이룰 수 있다는 뜻이었다. 목표를 달성하기 위해서는 작은 습관들이 모여야 한다. 목적을 이뤘다는 것을 시각적으로 보여주고, 내 몸에 자연스럽게 배어 좋은 습관과 생각을 만든다. 자존감을 높이고 주위에도 긍정적인 영향력을 미친다. 성취감은 바로 작은 습관으로부터 시작되는 것이었다. 작은 성취감이 하루를 재미있게 만든다. 할아버지의 부지런한 습성과 깔끔한 성격이 내 일상을 '좋은 습관'으로 시작할 수 있게 해주었다.

무기력과 헤어지는 중

— 김효진

상을 엎었다. 접시가 깨졌다. 김치 냄새가 방 안에 가득 퍼졌다. 또 시작이다. 난 너무 어렸다. 동생들 손을 꼭 붙잡고 이불을 뒤집 어쓴 채 싸움이 끝나기만을 기다렸다. 늘 불안했다. 팽팽한 고무줄 처럼 긴장을 늦추지 못하고 살았다. 아빠가 집에 오면 눈치를 봤고, 일을 나가면 마음이 편안해졌다. 그 시절 누구나 그랬듯, 먹고살기 도 바빴기에 부모님은 나의 정서적인 부분까지 살펴볼 여유는 없었 다. 감정적 지지와 안정적 환경이 부족했기에 감정을 표현하고 관 리하는 법을 배우기도 어려웠다. 가정환경이 나의 심리적 습관 형성 에 영향을 주었다.

나도 모르게 여러 가지 습관을 만들었다. 아빠가 일하고 집에 들 어오면 표정부터 살폈다. 습관적으로 살피다 보니 다른 사람의 표정도 확인하게 되었다. 그래서인지 사람의 기분을 잘 파악하곤 했다. 사람의 표정과 감정을 살피는 습관은 사람들과의 대화에 많은 영향을 주었다. 누가 기분이 나쁘고 좋은지 파악하기 쉬웠고, 불편한 기색이 있는 사람을 단번에 알아채기도 했다. 물론 지나친 경우도 있었다. 눈썹 하나 치켜올렸을 뿐인데 표정을 오해하거나 너무 예민하게 받아들이는 때도 있었다. 다른 사람의 반응에 지나치게 신경 쓰다 보니 삶의 초점이 타인에게 맞춰졌다.

불안과 부정적인 생각은 습관이 되었다. 작은 나는 아무것도 할 수 없었다. 반복되는 생각이 나 자신을 믿지 못하게 만들었다. 자신감이 없어 많은 일에 도전하지 못했다. 새로운 도전을 피하고 내 안에 갇혀 살았다. 의욕과 열정은 나에게서 찾아볼 수 없었다. 일상생활에 대한 흥미도 별로 없었다. 목표를 세울 생각 따위 하지 않았다.

내 감정을 숨기고 미소를 지었다. 물론 좋은 점도 있었다. 나의 감정과 상관없이 사람들에게는 항상 밝고 명랑한 아이로 보일 수 있었다. 어린 시절엔 아빠에게, 성인이 되어서는 상사에게 나의 감정을 숨기고 밝은 모습만 보여줬다. 하지만 미소로만 세상을 살 수는 없다. 감정을 감추는 습관은 사람들이 나를 알아가지 못하게 만들었다. 솔직하지 못하니 주변 사람들도 나의 마음을 알지 못했다. 힘든 일이 있어도 말할 수 없었고, 남들이 나를 이해하거나 지지해줄 수 없었다. 어디서도 나를 알아주는 사람을 만나지 못했다.

그땐 몰랐다. 나도 모르게 생긴 습관이 '나'를 만들고 '내 삶'을 만들어가고 있었다.

새로운 삶을 꿈꾸며 결혼했다. 무기력하다. 아침에 눈 뜨면 그대로 눈을 감고만 싶었다. 남편은 회사에서 보내는 시간이 더 길었다. 나는 일상이 즐겁지 않았다. 그렇다고 딱히 하고 싶은 일이나 취미가 생긴 것도 아니었다. 남편 출근하고 딸 윤아 어린이집에 보내고 나면 어김없이 소파와 한 몸이 되었다. 누운 채 스마트폰 화면을 켰다가 다시 내려놓는다. 궁금한 것도 없고, 재미있는 것도 없다. 누워있다 보면 점심시간도 지나고 윤아 하원 시간이 되었다. 잠이라도 푹 자고 편히 쉬면 좋을 텐데. 아무것도 하지 않았다는 죄책감이 나를 괴롭혔다. 저녁을 간신히 챙겨주고는 다시 소파에 몸을 기댄다. 윤아가 잠들면 남편이 보고 있는 텔레비전을 같이 본다. 새벽까지 소파 위에서 뒤척이다 잠이 들면 아침 알람이 울렸다. 아무것도 하고 싶지 않다. 악순환의 반복이었다.

나는 왜 이렇게 게으를까. 왜 이렇게 우울할까. 부정적인 생각을 반복적으로 했다. 자존감이 바닥으로 떨어졌다. 생각의 습관대로 삶도 흘러갔다.

몇 년이 지났다. 계속 이렇게 살 수는 없었다. 더 나은 삶을 위해 변하고 싶었다. 자기 계발에 발을 들였다. 성공했다는 사람들이 추천하는 책을 찾아 읽었다. '습관'의 중요성을 조금씩 알게 되었다. 잘못된 습관은 성장을 방해하는 요인이 될 수 있으니 좋은 습관을 만들어야 한다는 거다. 삶을 바로잡고 싶었다. 어린 시절 생긴 습관으로 인해 불안과 무기력함에 휩싸여 살았다. 지금도 부정적인 생각이 살아가는 데 큰 걸림돌이 되고 있다. 이런 습관을 버리고 긍정적인 태도를 가져야만 진정한 변화를 이룰 수 있을 것 같았다.

이제는 나 자신에게 진심으로 솔직해져야 한다. 어린 시절의 두려움을 뒤로하고, 현재의 나를 받아들이고 사랑할 수 있어야 한다. 그러면 자신감을 회복하고 긍정적인 생각을 자주 할 수 있게 될 거라고 생각했다. 물론 이 과정이 쉽지는 않겠지만, 나 자신을 이해하고 돌보는 데 집중하기로 했다.

습관이란 참 무섭다. 몸에 한번 배면 고치기 힘들다. 성장하려면 먼저 필요한 행동에 집중할 수 있도록 습관 정리가 필요하다. 나쁜 습관을 버리면 그 자리에 새로운 습관을 만들 수 있는 시간과 에너지가 생겨난다. 목표에 도움이 되지 않는 습관이라면 무엇이든 버리려는 마음이 필요하다. 대부분 사람들은 이 사실을 알면서도 실천하지 못한다. 왜 그럴까? 자신이 하는 행동이 습관인 줄도 모르고 무의식적으로 하고 있기 때문이다. 하루라도 스스로 어떤 행동을 하는지 적어보기만 해도 정리가 된다.

밥 먹고 소파에 앉아 시간을 허투루 보냈다. 10시에 아이들 재우고 나면 텔레비전이나 휴대폰을 보며 시간을 보냈다. 새벽 2시쯤 겨우 잠이 들었다. 아이 재우고 새벽까지 버리는 시간을 이용해보기로 했다. 그까짓 얼마나 되나 하겠지만 생각보다 긴 시간이었다. 매일 3시간, 처음으로 나를 위해 무엇인가 해보려고 마음먹었다. 좋아했던 책을 읽기로 했다. 자이언트 북 컨설팅에서 하는 글쓰기 강의도 신청했다. 아침에 일찍 일어나기로 했다. 매일 남편 손가락 하나

인생은 습관이 전부다

에 켜지던 텔레비전에는 흥미를 잃었다. 큰마음 먹고 신청한 글쓰기 강의가 인생 강의가 될 줄은 꿈에도 몰랐다. 호통을 쳐도 감사했다. 자고 싶어도 강의 들을 시간이 되면 자리에서 벌떡 일어났다. 아침에 일어나는 건 여전히 잘 안된다. 지금도 힘들지만 겨우 눈뜨던 때와는 조금 달라졌다. 포기란 없다. 실패가 아니라 과정이다. 계속 나아가면 된다. 한두 번의 늦잠으로 인생에 실패했다고 단정하기엔 내 인생은 너무나 소중하다.

자기 계발은 지금도 하고 있다. 무기력과 완전히 이별하지는 못했다. 성장했다고 말하기에도 부족하다. 아침에 일어나는 습관은 하루를 보내는 시작점이 되었다. 매주 듣는 책 쓰기 강의 덕분에 글쓰기는 기본이고, 나아가 삶의 태도도 배운다. 책 읽는 시간을 통해 내 생각을 채운다. 앞으로 작가로서 어떤 이야기를 세상에 전할지 구상한다.

하루 3시간으로 조금씩 변하고 있다. 내 인생을 어떻게 이끌어나가야 할지, 그 선택권은 내가 만든 습관에서 만들어진다. 공부한 시간이 쌓이고 있다. 쌓인 습관들이 나를 움직인다. 성장과 발전을 이끌어내며 생동감 넘치는 하루를 살고 있다. 더 성장할 가능성이 보인다. 모든 것이 습관 덕분이다.

좋은 습관은 성장과 변화에 필요하다

— 백란현

토요일 7시, '부산큰솔나비' 독서 포럼에 참석했다. 첫 번째 순서를 맡은 진행자는 스쾃 운동 동영상을 틀었다. 참석자 모두 자리에서 일어섰다. 맨 앞줄에 있었던 나는 게으름 피울 수 없었다. '하루 딱 6분 다리 라인 살리는 운동'이란 제목에 솔깃했다. 숨쉬기 운동 외엔 하지 않던 내가 운동 기회를 잡았다. 최선을 다해 동작을 따라 했다. 이후 지하철 계단을 내려가는 행동도 마치 스쾃 동작 같았다. 할아버지와 함께 노약자용 엘리베이터를 탔다. 내 다리가 아닌 것 같다. 앉았다 일어나려니 끙끙 앓는 소리 먼저 나온다. 책상 위를 손바닥으로 지탱하여 누르면서 일어섰다. 화장실은 가야 하니 한 걸음씩 움직인다. 마치 두 다리가 휘어진 것처럼 휘청거렸다.

운동하는 습관이 없었던 나는 6분간의 짧은 운동 덕분에 나흘 동안 허벅지 통증을 느꼈다. 나와 같은 조에 있었던 육십 대 선배는 스쾃 운동 자세가 전혀 힘들지 않았다고 했다. 평소 운동을 하고 있기 때문이란다. 나보다 스무 살쯤 많아 보이는 그녀가 가뿐하게 스쾃 자세를 따라 하던 모습이 부러웠다. 자극이 되었다. 나도 운동 하나쯤 습관으로 키워야겠다고 생각했다.

습관이란 오랫동안 되풀이하는 과정에서 저절로 익숙해진 행동이다. 운동 습관, 독서 습관, 공부 습관, 글쓰기 습관 등 만들 수 있는 복합어도 여러 가지다. 분명 도움이 되는 습관들이다. 습관이 중요한 이유 세 가지를 구체적으로 이야기해보려 한다.

첫째, 좋은 습관은 나를 성장하게 만든다. 초등학교 시절부터 텔레비전 애청자였던 나는 40대가 되자마자 텔레비전을 보지 않았다. 고3 야간 자율학습 마치고 하교한 후에는 텔레비전 드라마부터 챙겨봤다. 월화 드라마, 수목 드라마, 주말 드라마 가리지 않고 매일 시청했다. 재방송도 빼놓을 수 없다. 신문에서 드라마 편성표만 오려서 일주일 일정을 확인했다. 세 자매 키우면서 초등 교사로 살아낸 일상 중에도 드라마는 포기할 수 없었다. 드라마 보는 시간만 모았어도 진즉 다독가가 되었을 텐데 아쉬움이 남을 정도다. 방학이 되면 하루나 이틀은 종일 드라마에 푹 빠진다. 특히 남녀 간의 사랑을 다룬 드라마는 1회부터 최종회까지 장면 하나하나를 눈에 담았다. 하이라이트 장면이 내 눈에 걸리면 반복해서 보고 또 본다. 쉼을 누려야 하는데 드라마 시청으로 날밤을 새웠다.

코로나 이후 줌 수업이 활성화되면서 독서와 글쓰기에 관심을 가지기 시작했다. 퇴근 후 저녁엔 강의 듣기, 책 읽기, 글쓰기의 세 가지를 챙기기 시작했다. 드라마는 실시간 방송으로 보지 않아도 보고 싶을 때 스마트폰으로 볼 수 있다. 아쉬운 마음 가지지 않아도 된다. 정해진 줌 수업부터 입장했다. 다음에 보자고 아껴둔 드라마는 공부하다 보면 까먹는다. 덕분에 최종회까지 보고 난 후의 허무한 마음은 느끼지 않아도 된다.

드라마 없이 못 살던 내가 작가의 삶을 선택하면서 드라마 보는 습관이 사라졌다. 글쓰기, 책 쓰기 수업에서 드라마 명대사도 글 재료가 된다는 사실을 알게 되었다. 시간 내어 드라마 한 편 틀었다가 바로 화면을 껐다. 드라마가 글쓰기에 필요하다면 오히려 다시 시청 습관을 들여야 할 판이다. 드라마 시청 대신 챙긴 독서와 글쓰기 습관은 나를 성장하게 도와준다. 저녁 시간이면 나도 모르게 노트북 앞에 앉는다. 서평 책도 읽고 블로그 글도 쓴다.

둘째, 좋은 습관은 내 삶을 변화시킨다. 사랑한다고 말하는 습관을 지니고 있다. 2017년부터 2020년까지 근무했던 초등학교에는 독특한 인사말이 있다. 학생은 만나는 교사마다 "열정을 다하겠습니다"라고 인사한다. 그러면 교사는 학생들에게 "사랑합니다"라고 답한다. 우리 반 학생이 아니더라도 복도와 계단에서 마주치면 저절로 인사말부터 튀어나왔다. 매일 "사랑합니다"를 밥 먹듯이 말했다. 4년간 쌓인 나의 인사 습관은 인근 학교로 옮겨 가서도 학생들에게 "사랑합니다"라고 인사하게 만들어주었다. 복도에서 마주치는 학생들에게도 "사랑합니다"라고 말한다. 학생들은 내 얼굴을 빤히

처다보거나 모른 척하고 지나갔다. 요즘엔 1년간 나와 함께하는 우리 반 학생들에게만 "사랑합니다"라고 인사한다. 나의 뜬금없는 표현에 학생들도 적응되었나 보다. 우리 반 학생들은 청소하기 싫은 날, 수학 공부하기 싫은 날에 나에게 사랑 고백 많이 한다.

나의 말 습관으로 인해 학생들보다는 내가 가장 많이 '사랑'이란 단어를 들었다. 인사말 "사랑합니다"를 만나기 전까지는 고학년 담임교사로서 엄격하게 보이려고 노력했다. 학생들이 내 말을 잘 따르게 하기 위한 방법이었다. 7년째 사랑한다고 입으로 표현하다 보니 20년 차 교사로 살고 있는 요즘, 과거보다는 마음의 여유를 가지고 학생들을 대하고 있다. 사랑으로 시작한 인사말 덕분에 활발한 학생들에게도, 얌전한 학생들에게도 골고루 내 마음을 내어줄 수 있다. 원리원칙을 가르치는 일도 필요하지만, 학생들의 상황을 먼저 들어주고 공감하는 교사의 태도도 중요하다. 과거에는 학생으로서 당연히 청소를 잘해야 한다고 생각했다. 요즘엔 자신의 할 일을 묵묵히 해내는 학생들에게 "고마워", "수고했어", "덕분이야" 같은 말로 내 마음을 전한다. 말 습관 덕분에 동료에게 성격이 바뀌었다는 소리까지 듣는다. 좋은 습관은 나를 변화시킨다.

셋째, 좋은 습관은 다른 사람을 돕는다. 한번 무언가를 결정하면 꾸준히 진행하는 습관을 지니고 있다. 다른 사람에게 도움이 되는 습관이라면 일 년간 지속한다. 『성공하는 한국인의 7가지 습관』에서 나온 컨설턴트 아이비 리의 이야기를 읽었다. 오늘 하루 실천할 거리를 메모하는 '아이비 리 6가지 법칙'을 교실에 적용하고 있다.

아침에 등교하면 학생들은 A4 용지 1/4 크기 종이에 오늘 해야 할 일 여섯 가지를 메모한다. 그리고 우선순위대로 번호를 매긴다. 하루 중 실천한 것에는 동그라미를 친다. '오늘 할 일 메모'는 어른인 나에게도 쉽지 않다. 그러나 메모하는 습관이 학생들 시간 관리에 도움이 되겠다는 확신을 가지고 있다. 4년째 학급 운영에 적용하고 있다. '아이비 리 6가지 법칙'은 공부, 일, 취미활동 등에서 시간 관리에 도움이 된다. 한번 결정하면 지속하는 나의 습관은 학생들을 돕는다.

일과를 마친 후 블로그에 매일 글 쓰는 습관도 지니고 있다. 서평, 에세이, 교단 일기, 그림책 소개, 책 쓰기 수업 후기 등 다양한 분야의 글을 블로그에 남긴다. 책 이야기나 나의 생활을 담은 글에는 블로그 이웃들이 도움 받았다고 댓글을 남겨준다. 내가 작성한 책 쓰기 수업 후기를 읽고 자이언트 북 컨설팅 평생회원으로 등록한 이웃도 있다. 안면이 없었던 작가들이 내 블로그 글을 보고 작가 생활을 시작한다는 점에 가슴 벅차다. 다른 사람에게 도움이 된다는 생각은 기록을 계속하게 만든다. 강의를 듣거나 책을 읽거나 교실 이야기를 쓰고 싶을 때 짧은 분량이라도 즉시 기록하는 습관을 지니게 되었다. 쌓인 기록만큼 지속하는 힘을 얻는다.

습관, 중요하다! 나의 습관은 타인에게도 도움을 준다. 나의 성장과 변화는 다른 사람의 성장과 변화에 영향을 미친다. 누군가에게 본보기가 된다는 것이 존재 가치로 이어진다. 나의 도전을 보고 누군가 도전을 하고, 나의 극복을 보며 누군가 극복을 한다. 생각만

해도 설레고 가슴 벅찬 일이다. 습관, 중요하다! 나의 습관이 세상과 타인에게 영향을 미친다. 이것이 좋은 습관의 힘이다.

인생이 달라지는 작은 습관 찾기

― 서영식

매일 반복해서 하는 일을 생각해본다. 아침에 일어나서 씻기, 밥 먹기, 잠자기 전 양치질하기 등등… 반복해서 하는 일 중 무의식적으로 하는 일은 특별히 생각하지 않는다. 그냥 시간이 되면 한다. 의식해야 하는 일은 생각해야 한다. 글쓰기, 운동, 독서 등등… 이렇게 해야지, 저렇게 해야지 의도해야 할 수 있는 일이다. 때가 되면 자동으로 할 수 있게 하는 방법이 있을까? 꾸준히 계속하면 된다.

나는 아침에 출근하면 작은 거울을 본다. 오늘 나의 표정이 어떤지 살펴본다. 내 모습을 볼 기회는 많지 않다. 아침에 세수하고 나서 머리를 말릴 때만 잠깐 본다. 출근해서 얼굴을 보면 대부분 심각한 표정을 짓고 있다. 당장 누군가와 싸울 듯하다. 입꼬리를 살짝 올려본다. 어색하지만 아까보단 낫다.

인생은 습관이 전부다

습관은 반복하는 행위다. 습관의 종류는 여러 가지다. 몸으로 움직이는 것, 머릿속 생각으로도 나눌 수 있다. 습관 중에는 알고 있는 것도 있다. 때로는 모르고 있던 걸 누군가 말해줘서 알 수도 있다. 몸으로 하는 것은 눈앞에 보인다. 예를 들면 손톱을 물어뜯는다거나, 다리를 떤다거나, 말할 때 추임새를 넣는다거나 하는 행동이다. 좋지 않은 습관을 스스로는 모를 수도 있다. 누군가 얘기를 해주고 알려주면 고칠 수 있다. 좋은 습관을 의식적으로 반복하는 사람도 있다. 운동선수 중에 자신만의 특별한 행동이나 말을 반복하는 사람이 많다. 박지성 선수는 출전하기 전 '나는 그라운드 최고의 플레이어다'를 되뇌었다고 한다. 김연아 선수도 '나는 절대로 실수하지 않는다. 완벽한 연기를 할 것이다'를 곱씹었다고 한다. 높이뛰기 한국 신기록을 달성한 우상혁 선수는 "할 수 있다. 올라간다"라고 말하고 뛴다. 꾸준히 연습하고 노력해서 성공한 사람들의 습관이다. 좋은 습관을 만드는 방법은 끊임없는 반복이다.

머릿속 생각으로 하는 습관은 자신만 알 수 있다. 그중에서 감정을 관리하는 습관이 중요하다고 생각한다. 어떻게 감정을 관리해야 하는지 알고 성향을 알면 도움이 된다. 좋은 말만 하고 들으며 살아가기는 쉽지 않다. 똑같은 일을 해도 좋은 평가를 받을 수도 있고, 아닐 수도 있다. 성격이 급한 사람과 일할 때는 시간이 중요하다. 정해진 시간 내에 일을 마쳐야 한다. 반면 실수를 싫어하는 사람과 일할 때도 있다. 시간이 걸리더라도 좀 더 꼼꼼하게 챙겨야 한다. 나는 성격이 급한 편이다. 예상하는 시간보다 일이 늦어지면 조바심이 난다. 빨리 끝내고 다른 일을 해야 하는데 일이 막혀 있으면 답답하다. 나의 급한 성격과 습관을 말하지 않으면 다른 사람은 모른다. 정확하게 원하는 일정을 미리 알려야만 한다. 일정 내에 끝낼 수 있도록 같이 확인한다. 날짜에 맞춰서 결과를 도출할 수 있도록 해야 한다.

코로나로 인해 만나는 사람이 줄고 원만한 인간관계를 유지하기 힘든 시기가 있었다. 사람들과 함께하는 시간보다 혼자 생각하는 시간이 많아졌다. 어울리고 대화를 많이 할 때와는 달랐다. 마스크를 쓰면서 말수도 줄어들었다. 표정도 잘 알 수가 없다. 대화할 기회가 줄어서일까? 별일 아닌데도 갑자기 화가 날 때도 있다. 감정을 관리하기 위해서는 상황에 따라 어떤 기분이 드는지 미리 알고 있는 것이 도움이 된다. 나를 화나게 하는 행동이나 말이 어떤 것인지 알고 있다면 대응할 수 있다. 누군가는 '발작 버튼'이라고 표현하기도 한다. 감정 관리를 하기 위해서는 마음이 편하지 않을 때 어떻게 해야 하는지 방법을 알고 있어야 한다.

나는 무시당한다는 생각이 들거나 기분이 좋지 않을 때 글을 쓴다. 지금 왜 화가 났는지, 이런 마음이 드는 것이 이번이 처음인지, 과거엔 어떻게 했는지 쭉 쓴다. 태어나서 처음 이런 기분을 느낀다거나 하는 경우는 거의 없다. 많은 경험을 해봐서 글로 쓰면 생각 정리가 된다. 어느 지점에서 화가 났는지도 알 수 있다.

이번 공저에 참여하면서 습관에 대하여 많은 생각을 했다. 좋은 습관이 필요한 이유를 곰곰이 생각해봤다. 좋은 습관은 나를 더 성장하게 만드는 행동이나 생각이다. 자이언트 수업을 2년 동안 들으면서 나는 글쓰기 습관이 생겼다. 처음엔 글쓰기가 쉽지 않았다. 무엇을 써야 할지 막막했다. 운동선수가 자신만의 루틴을 하는 것처럼 "쓸 수 있다. 할 수 있다"를 반복했다. 글 쓰는 습관을 만들었다. 글을 쓰고 책도 출간했다. 달라진 삶의 경험을 나누고 싶어서 자이언트 인증 라이팅 코치도 수료했다. 무한 반복의 힘이다.

글을 쓴다는 건 어렵게 느껴진다. 지인에게 "글을 한번 써보세요"라고 할 때면 이런 반응이 돌아온다. "내가 무슨 글을 써. 난 글쓰기는 게을러서 못한다. 글은 아무나 쓰나?" 글로 쓰라고 하면 힘들어한다. 말을 해보라고 하면 쉽게 한다. 말할 수 있는 것이라면 글로도 쓸 수 있다. 생각해보면 우리는 매일 글을 쓰고 있다. 거의 전 국민이 쓰고 있는 카카오톡에 자신의 얘기를 쓴다. 가족들과 회사 동료들, 친구들과 일상에서 글을 쓴다. 카카오톡으로 나에게 글을 쓸 수도 있다. 매일 나의 감정이나 기분 상태를 써도 된다.

매일 반복하는 행동이나 생각 중 더 해야 할 것, 줄여야 할 것을 생각해본다. 운동 습관은 계속해야 한다. 글쓰기 습관도 마찬가지다. 인생을 길게 보면서 내가 성장할 수 있는 습관을 기르려고 한다. 하루의 시간이 쌓여서 나를 만들어간다. 거울을 보고 표정을 살피는 것처럼 습관도 살펴본다. 어제보다 나는 더 성장하고 있는지도 생각한다.

"인생이 나아지는 좋은 습관 가지고 싶지 않으세요?"라고 물어본다면 아마 대부분 그렇다고 하지 않을까? 대단한 것이 아니더라도 하나씩 바꿀 수 있다. 아침에 일어나서 거울을 보면서 활짝 웃는 습관을 매일 반복해도 표정이 바뀐다. 잠들기 전 '오늘도 수고했어'라고 자신을 토닥토닥해줘도 마음이 편안해진다. 아침에 일어나기 전 1분 스트레칭을 하면 몸이 개운하다. 다리를 들고 쭉쭉 펴준다. 오른쪽, 왼쪽으로 몸을 비틀어본다. 무릎을 굽히고 몸을 동그랗게 말아도 본다. 잠깐이지만 일어날 때 머리도 맑아지고 시원한 느낌이 든다. 좋은 습관은 꼭 필요하다고 생각한다. 어렵고 힘든 걸 하는 것이 아니다. 사소하지만 인생에 변화를 줄 수 있는 습관을 찾는다. 하루아침에 좋은 습관을 만들기는 쉽지 않다. 작심삼일이 될 수도 있다. 즐겁게 꾸준히 반복해서 할 방법을 찾는 것이 중요하다. 반복하기 위해서는 뭔가 좋아지는 게 있으면 동기부여가 된다. 긍정적인 생각, 간단한 스트레칭, 내 마음 들여다보기. 쉽지만 할 수 있는 걸 하나씩 실천한다.

나를 바꾸기 위한 습관을 찾는 여러 가지 방법이 있다. 내가 하고 싶은 것, 바꾸고 싶은 것을 생각한다. 행동 습관, 머릿속 습관 등을 글로 써보는 것도 좋은 방법이다. 나는 부정적인 생각을 하지 않으려고 노력하는 편이다. 누군가 안 좋은 말을 하면 긍정적으로 바꾸려고 한다. "안 되겠는데, 힘들다, 어렵다"라는 말을 종종 듣는다. 생각을 바꾼다. 다른 방향으로 얘기한다. "한번 해보자, 이건 좋은 기회가 될 수 있어"라고 말한다. 생각을 다르게 하니까 말투도 긍정적으로 바뀐다. 표정도 밝아진다. 인생을 바꾸기 위한 습관은 먼저 생각의 변화가 아닐까? 매일 조금씩 변화할 수 있는 나만의 습관을 위해 오늘도 실천한다.

인생은 습관이 전부다

습관이 무서운 이유

— 송슬기

일주일에 7일, 매일 마셨다. 월요일은 원래, 화요일은 화가 나서, 금요일은 불금이라 마신다는 트로트 가사처럼 살았다. 이른 출근과 늦은 퇴근으로 무심했던 남편, 24시간 편의점을 교대로 근무하며 잠이 부족했던 부모님. 말도 제대로 통하지 않는 아이들을 오롯이 혼자 돌봐야 한다는 책임감이 무거웠다. 저녁 식사를 준비하며 마시는 한잔이 좋았다. 맥주 한 캔은 하루를 무사히 보낸 보상과도 같았다. 그때는 알지 못했다. 그 습관이 나를 더 무기력하게 만들었다는 것을.

3년 만에 살이 10kg 쪘다. 어느 하나의 원인을 찾기 어려웠다. 달라진 행동이라고는 매일 조금씩 마시는 술뿐, 다른 이유가 없었다.

맞는 옷이 없었다. 편한 옷만 찾았다. 외출할 때면 헐렁한 티셔츠와 허리가 잘 늘어나는 고무줄 바지를 입었다. 옷차림에 유별난 남편은 그런 내 모습을 못마땅해했다. 살이 찌니 뭘 입어도 태가 나지 않았다. 백화점 가도 정작 옷 한 벌 제대로 못 사고 집으로 돌아올 때가 많았다. 사이즈가 문제였다. 눈으로 볼 때는 충분히 맞을 것 같던 옷도 입어보면 턱없이 작았다. 차마 못 입는다고 말하지 못했다. 조금 불편한 것 같다고, 다른 매장도 둘러보고 오겠다고 가게를 나섰다. 눈치가 보였다. 점원의 친절한 응대에도 옷 가게만 들어서면 자꾸 주눅이 들었다.

출근하는 아침이면 거울 앞에서 패션쇼를 한다. 옷이란 옷은 다 꺼내 입어본다. 상의가 짧으면 뱃살이 보일까 봐 싫었고, 치마를 입으면 코끼리 다리 같은 종아리를 드러내는 것도 싫었다. 화사하게 입고 싶다는 마음만 있을 뿐, 이리저리 입어보다 결국 매일 입는 편한 옷만 입고 나섰다. 똑같은 검정 바지에 흰 블라우스. 살이 찌니 외모에도 점점 자신이 없어졌다.

"당신, 장인어른이랑 똑같은 거 알지?"

매일 술을 마시는 모습이 못마땅했는지 남편이 정색하며 말했다. 친정아버지를 닮았다는 말에 충격을 받았다. 내가 아버지를 좋아하지 않는다는 것. 남편도 알고 있었다. 그것도 콕 집어 내가 가장 싫어하는 아버지의 술 드시는 모습을 닮았다고 하다니. 화가 났다.

남편은 내가 술을 마실 때면 적당히 마시라고 말을 덧붙였다. 어떤 때는 살찐다고 좀 그만 먹으라고 핀잔을 주기도 했다. 돼지 같다고 놀리면 장난으로 받아들였다. 많이 마시는 거 아니니까, 밖에 나가서 술 먹고 실수하지 않으니까 괜찮다고 합리화도 했다. 그저 애정의 잔소리 정도로 생각했다. 대수롭지 않게 생각했는데 남편도 불만이 쌓였던 모양이었다.

살찐 원인이 매일 마시는 술이라 생각했다. 살을 빼기 위해 식단을 조절하려 마음을 먹어도, 운동하려고 계획을 세워도 실패였다. 술을 마시는 습관이 문제였다. 맥주 한 캔, 소주 한 잔, 막걸리 한 잔. 날씨에 따라 기분에 따라 술도 달라졌다. 저녁을 먹을 때 술이 없으면 허전할 정도였다. 한 모금으로 시작하면 한 병이 넘어야 끝이 났다. 술을 마시면 기분이 좋았다. 덩달아 몸에 긴장이 풀어지면 움직이기 귀찮은 마음도 커졌다. 운동은 내일부터. 미루는 습관도 점점 쌓여갔다. 마실 때는 즐거웠지만 다음 날이면 술에 패배한 듯한 기분이 들었다. 후회가 생겼다. 마시지 않겠다는 각오와 다짐을 하고도 무색해질 때면 내가 이렇게 의지가 약한 사람인가 싶어 자괴감도 들었다. 알코올의존증을 걱정하면서도 저녁 반찬거리를 살 때 술을 빼놓지 않았다. 블랙홀에 빠진 것처럼 헤어날 수 없을 것 같았다.

오래도록 행동을 반복하면 뇌는 자동으로 신경 회로망을 형성한다고 한다. 처음에는 마음먹은 대로 조절 가능했던 일도 일정 시간이 지나면 의지나 노력에 관계없이 자동화되는 것. 나쁜 습관을 고치기 어려운 것도 이 때문이다. 습관이 무서운 이유는 또 있다. 노력해도 내 의지대로 할 수 없는 무력감을 느끼면 스스로를 부정적으로 인식하게 되고 자존감도 낮아진다. 나쁜 습관이 자꾸만 더 나쁜 습관을 만드는 것이다.

변화가 필요했다. 온라인에서 사람들을 모아 '작은 습관 만들기'를 하는 K에게서 연락이 왔다. 평소 하소연하듯 음주 습관에 대한 고민을 털어놓았던 탓일까. K의 제안이 기회처럼 느껴져 망설이지 않고 수락했다.

온라인 모임의 참여자는 20명 정도였다. 사진이나 동영상을 찍어 단톡방에 인증하는, 비교적 간단한 일이었다. 건강을 위한 작은 습관을 필수 참여 과제로 정했다. 매일 물 2리터 마시기, 평상시 엘리베이터 대신 계단 이용하는 것이 전부였다. 평소 마시는 물의 양보다 조금 더 챙겨 마셨다. 점심을 먹은 후 시간이 남을 때면 사무실 계단을 오르락내리락했다. 계단만 보면 사진을 찍어 인증했다. 카톡 메시지 몇 줄이었지만 다른 사람들의 응원에 힘이 났다. 서로 격려하며 챙겨주니 끈끈함도 생겼다. 매월 말 피드백을 하며 칭찬도 아끼지 않았다.

이후 물 마시기와 계단 오르기로 시작했던 활동은 개인마다 다양한 습관들로 확장되었다. 독서 인증, 릴레이 긍정 확언, 만 보 걷기, 운동, 매일 SNS에 게시글 작성하기 등 조금씩 좋은 습관들을 만들어갔다. 다른 사람들의 모습에서 동기부여도 받았다. 이런 효과 덕분일까. 목표를 실천할 수 있는 단위로 쪼개기 시작했다. 일상생활에서 무리 없이 진행하기 위해 하루 10분 필사를 했다. 일어나기 전에는 스트레칭을 했고, 하루에 한 장이라도 책을 읽었다. 좋은 습관들을 하나씩 쌓아가고 있다.

일주일에 두 번, 저녁 먹은 후 산책을 한다. 매일 마시던 술도 그이틀만큼은 마시지 않는다. 작은 행동이지만 의지대로 이뤄냈다는 뿌듯함이 생긴다. 하루를 내가 원하는 대로 살았다는 생각에 만족감도 크다. 살이 빠지거나, 작았던 옷이 맞는 기적은 아직 일어나지 않았지만 괜찮다. 지금 당장 변화가 느껴지지 않아도 실망하거나 좌절하지 않는다. 꾸준한 노력과 실천이 변화를 만든다고 확신한다. 좋은 행동을 반복하면 좋은 습관이 된다. 좋은 습관은 좋은 삶을 만든다. 아주 작은 행동을 계속하는 것부터 시작한다. 지금은 비록 의지와 굳은 결심이 필요하지만 언젠가는 습관으로 스며들 그날을 꿈꾼다.

오늘을 잘 살기 위한 힘

— 이현주

같은 생각과 행동을 반복하면서 더 나은 삶을 바라는 건 뭘까. 늘 그랬다. 열심히 일하면 당연히 잘 살게 될 줄 알았고, 자연히 성공할 줄 알았다. 삶의 계획, 그런 거 없었다. 사람들이 오른쪽으로 우르르 몰려가면 그냥 따라갔다. 왼쪽으로 가는 것 같으면 휩쓸려 갔다. 많은 사람이 가는 길이 옳은 길이라 생각했다. 노력하지 않았다. 조금이라도 힘들면 쉽게 포기했다. 새해엔 이루지 못할 계획으로 헛된 꿈을 좇았다. 연말엔 후회와 한숨으로 한 해를 마감했다. 사방팔방 벌여놓은 일만 가득했고, 끝은 늘 흐지부지했다.

정신을 차려보니 40대 중반, 덜컥 겁이 났다. 이대로 지낼 순 없다, 변해야 했다. 누군가 올바른 방향을 알려주고 함께 가자고 이끌어준다면 따라가는 건 잘 할 수 있는데. 방법을 찾아야 했다. 그러던

인생은 습관이 전부다

중 우연한 기회에 독서 모임에 참여했다. 책 읽는 재미를 알았다. 정신없이 빠져들었다. 그렇게 6년, 책과 가까워질 수 있었다.

습관은 특정한 행동을 반복하는 것이다. 의식하지 않아도 자연스럽게 나오는 행동이다. 이런 습관은 삶의 패턴과 일상의 규칙을 유지하는 데 도움이 된다. 안정감도 느낄 수 있다. 또한 좋은 습관은 어제보다 나은 오늘을 살아가는 힘이 된다. 변하고 싶고 성장하고 싶다면 좋은 습관을 만들어야 한다는 것, 알고 있다. 좋은 습관도 종류가 많다. 그중 나에게 맞는 습관을 찾는 것도 중요하다. 나의 변화와 성장에 도움이 되었던 세 가지 습관에 대해 말하고자 한다.

첫째, 메모하는 습관은 시간 관리에 도움이 된다. 메모를 시작하면서 하루를 관리할 수 있었다. SNS에 글을 쓰거나, 달력과 휴대폰을 이용해 일상을 메모했다. 나이 탓일까, 기억력이 나빠서일까. 어제 한 일도 기억 못 했다. 심지어 방금 본 유튜브 내용도 설명하기 어려웠다. 책은 두말하면 잔소리. 제목도 작가도 가물거려 기억나지 않았다. 기록이 중요한 건 알았지만, 끈기가 없었다. 반복되는 작심삼일. 포기가 쉬웠다.

2021년 다니던 직장을 그만두고 프리랜서로 일을 시작했다. 시간에 쫓기지 않는 일, 여유가 많았다. 그만큼 버리는 시간도 많았다. 갑자기 변경되는 일정, 추가되거나 미뤄지는 상황도 많았다. 몇 달 전부터 계획했던 일, 메모하지 않으면 날짜와 시간이 겹쳐 난처한 일이 발생할 수 있었다. 신뢰가 중요한 관계에서는 충분히 문제가 될 수 있다. 그런 상황이 발생하지 않도록 미리 준비해야 했다. 꼼꼼하게 시간을 계산했고, 몇 번 반복해 장소를 확인했다. 덕분에 실수가 없었고, 낭비되는 시간도 줄일 수 있었다.

그렇게 얻은 틈새 시간에 책을 읽었다. 이동 중에는 강의 영상이나 유튜브 동영상을 봤다. 순간순간 떠오르는 생각, 눈에 보이는 좋은 글도 메모했다. 창고에 차곡차곡 쌓아둔 비상식량처럼 언제든 활용할 수 있을 것 같았다. 자투리 시간에 오히려 집중이 잘됐다. 하루를 정리할 때면 알차게 보냈다는 성취감도 느꼈다. 메모하는 습관을 통해 하루 24시간을 꼼꼼하게 관리할 수 있었다.

둘째, 나에게 하는 긍정의 말로 안정감과 자신감을 키울 수 있다. 남들과 끝없이 비교했고 나를 비난했다. 못난 부분만 들춰내 비수를 꽂았다. 뭘 해도 안 되는 사람, 못하는 사람으로 규정지었다. 한두 번은 자극이 되기도 했다. 하지만 계속된 자기 비난은 아무것도 하지 않는 나를 만들었다. 무언가 하고 싶다는 의욕도 사라지게 했다. 누구보다 나를 이해하고 응원해야 하는데 마음에 들지 않는다며 미워했다. 나에게 하는 미운 말이 씨가 됐다. 하면 할수록 정말 그런 사람이 되는 것 같았다. 말대로 된다는 말, 무서웠다. 말투와 말 습관을 바꾸는 게 필요했다. 어제는 지나갔다. 오늘 어떤 일이 있을지 아무도 모른다. 그러니 굳이 걱정하고 울상을 지으며 하루를 시작할 필요 없다. 매일 아침 세수하며 거울 속 나를 본다.

'나는 잘했고, 잘하고 있으며, 잘될 것이다.' 아침마다 나에게 긍정의 말을 했다. 어떤 사람을 만나게 될지, 어떤 좋은 일이 생길지 기대가 됐다. 거울 속 나를 보며 입꼬리를 당겼다. 긍정의 말 덕분에 설레는 하루를 시작할 수 있었다.

한 달 전쯤이었다. 서류 몇 장 출력하기 위해 문구점에 갔다. 볼일을 다 본 후 주차장에 내려와 차에 탔다. 지하라 그런지 조금 어두웠다. 조심스럽게 후진을 하는데 들리는 '쿵' 소리. 분명 아무것도 없었는데. 검은색 오토바이가 옆으로 쓰러져 있었다. 얼굴은 벌겋게 달아오르고 땀이 흘렀다.

예전 같으면 쿵 소리가 나는 것과 동시에 나를 비난했을 거다. 이젠 달라졌다. '현주야, 많이 놀랐지? 괜찮아. 오토바이는 고치면 돼. 너무 걱정하지 마. 사람이 다치지 않았으니 얼마나 다행이니' 가슴을 쓸어내렸다. 오토바이 주인에게 전화했다. 부재중, 몇 번의 시도 끝에 통화가 됐다. 죄송하다고 사과하며 상황을 설명했다. 3층 헬스클럽에서 운동하고 있으니 바로 내려오겠다고 한다. 땀을 흘리며 급하게 내려온 남성을 보며 거듭 사과했다. 오토바이에 이상이 없는지 꼼꼼하게 살펴보기를 권했다. 여기저기 살피며 쓰러진 오토바이를 일으켜 세웠다. 다행히 손잡이만 부러졌다고 한다. 수리는 어떻게 하면 좋을지, 보험처리는 어떻게 해야 할지 물었다. 그러자 이정도는 괜찮다고 웃으며 말한다. 알아서 수리할 테니 그냥 가라고 한다. 미안한 마음에 자리를 뜨지 못하고 계속 머뭇거렸다. 정말 괜찮다고 몇 번을 말한다. 고마웠다. 감사의 말을 하고 차에 올랐다. 운전대를 잡으니 그제야 어깨가 내려앉았다.

모든 일을 잘할 순 없다. 실수도 하고 실패도 했다. 그럼에도 꾸준히 노력하고 있다. 나를 믿고 응원한다. 나에게 하는 긍정의 말은 심리적 안정감을 주었다. 덕분에 자신감도 올라갔다.

셋째, 좋은 습관은 원하는 목표를 이루도록 돕는다. 책을 읽기 시작하면서 작가가 되고 싶다는 꿈이 생겼다. 지난 5월, 이은대 자이언트 북 컨설팅에서 진행하는 공저 프로젝트를 통해 작가가 됐다. 2016년부터 꾸준히 책을 읽은 것이 도움이 됐다. 독서와 글쓰기는 떼려야 뗄 수 없는 관계다. 글을 쓰겠다고 결심했다면 독서는 필수다. 매일 책을 읽는 습관을 갖고 있다. 아무리 강조해도 지나치지 않은 것이 바로 독서다.

일상에 변화를 주고 싶은데 뭘 해야 할지 몰랐다. 특별한 취미도 없었다. 그림이나 악기 연주에도 관심 없었다. 다니던 직장에서 독서 모임을 만들었다. 기회가 좋았다. 혼자 읽었다면 습관으로 만들기 어려웠을 거다. 포기가 쉽고 의지가 약하다는 걸 스스로 잘 알고 있었다. 그래서 읽을 수밖에 없는 환경에 나를 던졌다. 매주 토요일 독서 모임에 참여했다. 숙제 같은 책 읽기가 시작됐다. 좋아하는 책? 관심 있는 분야? 그런 거 몰랐다. 정해진 대로, 일정대로 읽었다. 몇 달이 지나자 조금씩 흥미가 생겼다. 재미도 있었다. 책 읽는 속도도 붙었다. 독서 모임이 아니라도 매일 읽었다. 어디든 책을 갖고 다녔다. 자연스레 책을 펼치는 것이 어느새 습관으로 자리 잡았다. 독서를 통해 다양성을 받아들일 수 있었다. 목표를 이룰 수 있는 좋은 습관을 만들고 싶다면 도움이 될 수 있는 모임에 참여하는 것도 좋은 방법이라 생각한다.

습관을 만들고 꾸준히 행동한 덕분에 2023년, 작가가 되겠다는 목표를 이루었다. 독서, 메모, 시간 관리, 나에게 하는 긍정의 말이 모두 힘이 되었다.

한번 자리 잡은 습관은 고치기도 어렵다. 오죽하면 세 살 버릇 여든까지 간다고 했을까. 나쁜 습관을 버리는 것도 좋지만, 나에게 맞는 습관을 찾는 것도 중요하다고 생각한다. 습관의 변화에는 노력과 의지가 필요하다. 습관이 원하는 목표를 이루는 데 도움이 된다면 좋은 습관을 만드는 것이 당연한 일 아닐까. 작은 습관의 실천, 오늘을 살아가는 힘이 되었다.

나를 향한 한 걸음

— 장춘선

"원래부터 그림을 잘 그렸나 봐요!"

"작가라고, 언제부터 글을 썼어요?"

근무하는 병원에서 '방구석 작가'를 모집했다. 그림과 수필, 사진 분야였다. 직원들의 숨은 재능과 끼를 발휘할 기회였다. 나는 그림 다섯 점과 수필 한 편을 제출했다. 30여 년 근무하면서 개인적인 일을 노출하기는 처음이다. 쑥스럽기도 하고 가십거리가 될까 걱정도 됐다.

10년 동안 취미 생활을 하며 한 점, 두 점 그림을 그렸지만 딱히 둘 곳이 없었다. 사무실 책장 위에, 프린트 위에, 장식장 위에 올려 두었다. 어느 날 커뮤니케이션팀 신미연 선생님이 왔다. "와, 누가 그린 그림이에요?"라며 관심을 보였다. "우리 수 선생님이 그렸죠.

글도 써요." 동료가 덧붙인다. 그 후 '방구석 작가 1기' 모집 공고가 뜬 것이다. "작품 내실 거죠?" 메일도 보냈다. 아니라고 하면서도 집에 여기저기 널브러져 있는 그림 생각이 났다. 2년 전부터 글쓰기 공부한답시고 끄적대고 있었던 터라 글에 대한 맷집도 키우고 싶었다.

그림을 그리기 시작한 것은 2012년쯤인 것 같다. 둘째 아들 출산 후 산부인과 외래에서 7년간 규칙적인 간호사 일을 하다가 내과 중환자실로 근무지를 옮겼다. 외래 업무와는 비교할 수 없는 중환자 간호와 불규칙한 3교대 근무를 감당해내야 했다. 공부할 내용도 많았고 강도 높은 임상 경험을 터득해야 했다. 호흡을 대신해주는 인공호흡기, 부정맥을 감시하는 심전도, 24시간 지속되는 인공투석기, 특수약물을 주입하는 인퓨전 펌프 등. 환자와 연결된 의료 장비에서 정상 범위를 벗어나면 알람이 울린다. 환자 상태가 위험하다는 신호다. 늘 알람 소리에 촉을 세워야 했다. 알람 소리의 의미를 파악하고 빠르게 대처해야 하는데, 느렸다. 수 선생님을 제외하면 나이순으로 두 번째 서열의 고년차였기에 심리적 압박감이 컸다. 밀쳐두었던 전공 서적을 뒤적거렸다. 근무 시간에 몇 번씩 심장마사지와 응급 약물로 환자를 살려야 했고, 끝끝내 돌아오지 못했을 때 보호자들의 원망과 통곡 소리를 들어야 했다. 내가 미처 대처하지 못한 것은 없었을까. 숙연해졌다.

이런 일들이 반복될수록 작은 소리에도 예민해졌다. 텔레비전 소리도 귀찮았다. 다음 출근까지 무기력 상태에 빠져 있다가 근무 시작하면 또 미친 듯이 일을 쳐냈다. 어느 날 퇴근길 버스 창문에 비친 무표정한 나를 보았다. 작은 일에도 깔깔대며 웃었고 매사에 흥미진진했던 내가, 병원 일에만 집중하고 그 외에는 관심이 없었다. 무엇 때문에 사는지, 나조차 이런 모습에 공감하지 못했다. 빛바랜 사진처럼 본연의 색깔을 잃어가고 있었다. 내과 중환자실 간호사로 거듭나기 위해 안간힘으로 버티고 있었지만 내 마음에도 '힘들다, 쉬고 싶다, 내 시간을 갖고 싶다'라는 알람이 울리고 있었다.

그때 정년을 앞둔 김지유 수간호사 선생님이 창동예술촌에서 함께 그림을 그리자고 제안했다. 여러 가지 어려움도 있었지만 나만을 위한 시간과 공간이 절실했기에 하기로 했다. 그렇게 매주 토요일 그림을 그리는 사람이 되었다. 나를 향한 첫 발걸음이었다. 빛바랜 사진에 색깔을 입히는 데 수년이 걸렸다. 알록달록 색이 채워질수록 뭐든 하고 싶은 의욕과 충동이 일어나기 시작했다. 지금도 매주 토요일 오전 9시면 창동예술촌으로 갈 채비를 한다. 나의 색깔을 찾고, 바닥난 감성을 채우기 위해 창동예술촌으로 향했던 숱한 발걸음이 '방구석 작가'로 출품하는 사람이 되었다. 원래부터 그림을 잘 그렸냐는 물음은 당치도 않는 소리다. 지금도 백지 한 장을 꺼내주면 그림을 완성하지 못한다. 숱한 덧칠과 그림 선생님의 마무리 손길이 닿아야만 작품이 완성된다. 수년이 흐른 지금도 이 실력인데 시작은 오죽했겠는가. 하지만 감성만큼은 살아 움직인다. 채워진 만큼 생동감 있게 살고자 했다.

2021년 7월, 글쓰기 수업을 들어보겠냐는 직장 동료의 물음에 설레었던 것은 호기심 때문이었다. 새로운 경험을 해보고 싶었다. 코로나19 때문에 대면으로 할 수 있는 일이 없었다. 온라인 글쓰기 수업은 시간 활용에 적합했다. 글을 한번도 써보지 않았던 내가, 3개월 만에 초고를 완성했다. 엉망진창으로 쓴 글이라 퇴고 과정이 힘들었다. 경험이 없다 보니 내용도 구성도 엉망이었다. 어디서부터 손을 대야 할지 엄두가 나지 않았다. 갈팡질팡하며 표류하고 있을 때 공저로 참여해 글 쓸 기회가 생겼다. 쓰면서 배웠다. 2022년 12월『글쓰기를 시작합니다』를 출간했다. 비록 공저 작가지만 출간해본 경험은 글 쓰는 삶을 사는 데 디딤돌이 되어주었다. 글쓰기는 내 삶에 불쑥 들어온 사건이다. 퇴근 후 대부분 글쓰기 수업을 듣고 책 읽고 글을 쓴다. 다른 어떤 일보다 성취감이 크다.

약간의 머뭇거림은 있었지만 '방구석 작가' 수필 부분에 도전하고 싶었다. 글쓰기 수업에서 배운 걸 토대로 몇 편의 원고를 집필했다. 쓰고 지우고를 반복했다. 전 직원이 볼 내용이라 더 긴장되었다. 계속 볼 사람들이라 민망했다. 저런 글도 냈냐고 하면 어떡하지, 그만둘까, 걱정하면서도 끝까지 글을 썼다. 정해진 분량은 A4 1장이었지만 글쓰기 수업에서 배운 대로 1.5장을 썼다. 최종적으로 나만의 휴식 공간을 뜻하는 '나의 케렌시아'로 쓴 글을 제출했다. 그림을 그리고, 책을 읽고, 글 쓰는 삶을 소개한 글이다. 병원에 근무하는 사람이라면 누구에게나 나처럼 자신만의 휴식 공간과 여유가 필요하다고 생각했기 때문이다.

'방구석 작가' 출품작은 다양한 형태로 편집되어 직원들에게 공개

되었다. 그림과 사진은 예쁜 엽서로, 수필은 홍보 포스터로 만들어 식당 길목에 전시했다. 밥 먹는 동안 영상으로도 볼 수 있게 했다. 내 글과 그림이 나올 때면 얼굴을 들지 못했다. 식당을 나오며 엽서와 수필 한 장을 수줍게 들고 왔다. 글을 좀 더 잘 써야 했는데 아쉬움이 있다. 그때 나의 실력으로는 최선이었다. 서툰 작품이지만 지금의 한 걸음이 또 다른 모습으로 성장할 것으로 믿는다.

　그림과 글쓰기는 나의 좋은 습관이다. 예전에 나는 감성이 메말라 에너지를 나눠줄 게 없는 간호사였다. 나와의 거리가 가까워질수록 힘이 났다. 활기찬 기운을 만들 수 있었다. 변화와 성장은 나를 향한 한 걸음부터다. 먼저 한 걸음부터 떼야 한다. 내가 원하는 삶이 무엇인지 귀 기울여보자. 요동치는 뭔가가 있다면 한 걸음 내디뎌보자. 행동한 시간만큼 누적되어 나를 만날 것이다. 다시 새로운 꿈을 꾼다. 이은대 자이언트 북 컨설팅에서 진행하는 '라이팅 코치 양성 과정'을 수료했다. 작가와 글쓰기 코치로서 성큼성큼 더 깊은 곳으로 나를 만나러 간다.

　　　　　　　　　　　　　　　　　　인생은 습관이 전부다

건강하게 살기 위한 작지만 강한 습관

— 정은정

"할머니, 이러면 안 된다니까요."

702호 6번 환자 보호자는 일흔이 넘은 할머니다. 오늘도 할머니는 모두가 잠든 밤 10시 지하 1층 편의점에 들렀다. 낮 근무 간호사와 밤 근무 간호사는 인수인계를 주고받느라 정신이 없다. 같은 병실 환자는 침대 천장에 달린 커튼을 치고 잠이 들었다. 몰래 편의점으로 밤마실을 다녀오기 적당한 시간이다. 잔뜩 긴장한 채 한마디라도 놓칠세라 수첩에 메모하며 인수인계를 듣던 간호 실습생과 눈이 마주쳤다. 할머니의 손에는 '빵빠레'가 들려 있다. 할머니는 눈을 찡긋한다.

"할머니, 자꾸 이러면 안 돼요."

"이번만 봐주라. 아바이가 잠을 못 자는데 어짜노."

할머니의 남편인 할아버지는 사십 대 중반부터 고혈압과 당뇨를 앓았다. 석 달에 한 번씩 병원에 방문해 고혈압과 당뇨병 약을 받아 가던 분인데 이번에는 오른쪽 둘째 발가락에 생긴 염증 때문에 입원했다.

할아버지는 농사꾼이다. 논에는 벼, 밭에는 고추와 감자, 과수원에는 자두와 복숭아를 심고 가꾼다. 6월이 되면 새벽 4시에 일어나 밭으로 간다. 여름이 되어 해가 길어졌지만 이른 새벽은 여전히 캄캄하다. 잘 보이지 않아도 더운 것보다 시원한 게 일하기 낫다. 풀 뽑고 물 주고 7시쯤 집에 돌아와 아침 식사를 한다. 그리고 어제 따 놓은 자두를 농협 공판장에 내놓고 오전 일을 마친다.

점심을 먹는다. 반찬은 김치와 장아찌다. 배추김치, 열무김치, 양파장아찌, 마늘장아찌. 그중에서도 겨우내 된장에 박아둔 무를 꺼내 물에 담가 짠맛을 빼고 쫑쫑 채 썰어 들기름에 조물조물 무친 무장아찌는 할아버지가 가장 좋아하는 반찬이다.

오후에는 낮잠을 잔다. 해가 뜨거울 때 밖에 나가면 위험하다. 일찍 일어나 일했으니 노곤할 만도 하다. 오후 4~5시가 되면 슬슬 나갈 채비를 한다. 제철 맞은 자두를 따 다마사리(과일을 크기별로 분류하는 일로, 경상북도 사투리) 해서 5kg 상자에 담는다. 어느덧 해가 진다. 점심과 비슷한 반찬에 국만 달리해 저녁을 먹는다.

할아버지는 아이스크림을 좋아한다. 빵빠레, 월드콘, 부라보콘. 고혈압과 당뇨를 진단받으면서 먹기 시작했다. 의사는 하루에 두 갑씩 피워대던 담배를 끊으라고 했다. 금연을 위해 사탕과 아이스

인생은 습관이 전부다

크림을 먹었다. 의사는 이제 매일 먹는 아이스크림을 끊으라고 한다. 아이러니하다. 갑자기 식은땀이 나고 숨이 차고 눈앞이 검은색 시폰 커튼을 친 것처럼 어두워졌다. 심장도 빨리 뛰는 것 같다. 저혈당이다. 냉장고에서 급히 빵빠레를 꺼낸다. 빵빠레는 응급약이다. 달콤하고 부드럽고 시원한 아이스크림을 끊기 힘들다.

입원하면 마음대로 할 수 있는 게 별로 없다. 특히 먹는 것이 그렇다. 밍밍한 국과 반찬은 참기 힘들다. 영양사의 입맛은 엉망진창이다. 간을 하는 건지 마는 건지 모르겠다. 가뜩이나 입안이 모래가 굴러다니는 것처럼 까끌까끌한데 이런 걸 먹으라니. 잘 먹어야 약도 듣고 빨리 낫는 법인데 영 먹지 못한다. 아들 내외가 오랫동안 보관할 수 있는 반찬을 보내왔다. 김치와 장아찌, 젓갈, 조미김이다. 병동 공용 냉장고에는 너나없이 온통 이런 반찬이다. 간호사는 짠 반찬을 먹지 말라고 하지만 어쩔 수 없다.

매일 잠들기 전 먹는 빵빠레는 지루한 병원 생활을 버티게 하는 재미 중 하나다. 간호사 눈치를 보며 살금살금 병동을 빠져나간다. 수액이 달린 폴대를 끌고 엉거주춤한 상태로 기다시피 움직이는 노인이 눈에 안 띌 리 없다. 간호사는 '미끄러져 넘어지면 큰일 난다.' '편의점에서 간식을 사 먹지 마라.' '약 덕분에 혈당이 조절되는데 자꾸 아이스크림을 먹으면 위험하다'라며 잔소리를 한다. 가끔 운 좋은 날에는 갓 입사한 신규 간호사나 간호 실습생을 만난다. 그들은 봐도 못 본 척 고개를 돌린다. 오늘처럼 들키는 경우가 태반이지만 말이다.

어릴 때부터 한동네에서 자란 불알친구는 뇌졸중으로 쓰러져 10년째 자리보전 중이다. 고혈압도 있는 녀석이 술 마시고 불같이 화를 내다가 쓰러졌다. 아들은 다리를 절단한 당뇨병 환자 사진을 보여주었다. 염증 부위가 낫지 않고 썩었다고 한다. 의사는 먹는 것을 제일 조심해야 한다고 했다. 겁이 났다. 매일 한 주먹씩 되는 고혈압과 당뇨병 약을 먹고 가끔은 병원에 입원도 하지만 할아버지는 식습관을 고치지 못했다.

삼시 세끼 짠 국과 반찬으로 식사하고 아이스크림 먹는 것은 건강을 앗아가는 나쁜 습관이다. 일흔을 넘겼으니 살 만큼 살았다 싶다가도 손주, 손녀가 크는 모습을 보니 건강하게 오래 살고 싶다는 욕심이 난다. 병석에 누워 세월아 네월아 죽음을 기다리는 삶이 아니라 부지런히 누리는 삶을 살고 싶다. 몸은 늙었으나 마음은 여전히 이팔청춘이다. 여름에는 냇가에서 물장구치고 겨울에는 눈사람 만들고 싶다. 할아버지는 건강하게 사는 꿈을 꾸며 식습관을 바꾸기로 했다.

짠 음식 대신 샐러드를 먹어야지. 밭에서 상추를 뜯고 양배추도 뽑았다. 오이와 블루베리도 땄다. 마트에 갈 필요도 없다. 지천으로 널린 게 먹거리다. 젊은 사람은 올리브유나 발사믹 식초를 뿌려 먹는다는데 할아버지는 참기름을 두른다. 입맛에 맞지 않지만 고소함 때문에 참는다.

아이스크림은 버리기로 했다. 아까워라. 저것만 먹고 시작할까 싶다. 미련이다. 할아버지 마음이 약해질세라 할머니가 싱크대에 내동

댕이쳤다. 밖에 꺼내놓으니 금방 녹아 흐른다. 아이스크림 대신 입다실 것을 찾았다. 땅콩과 당근, 오이 스틱이다. 이것도 직접 농사를 지은 것이다. 마음에 내키지 않지만 아이스크림보다야 낫겠지.

　할아버지는 어제보다 오늘, 오늘보다 내일 더 건강해진다. 혈압과 혈당도 조절된다. 어쩌면 약을 그만 먹게 될지도 모른다. 건강 지킴이가 되어 친구에게 조언도 한다. 손주, 손녀 웃음소리도 더 오래 듣는다. 낯빛이 밝고 손끝은 힘차다. 하루를 살아도 건강하게. 일흔이 넘었지만 꿈을 꾼다. 건강한 식습관은 할아버지를 새로이 살게 한다.

　습관은 시나브로 건강한 삶에 영향을 미친다. 나쁜 습관은 건강을 빼앗아 가지만 좋은 습관은 건강하게 한다. 좋은 습관이라고 해서 거창한 게 아니다. 매일 땀이 날 정도로 걷거나 규칙적인 시간에 잠들고 일어나는 것처럼 효과가 있을까 싶은 정도의 사소한 행동이다. 식습관도 마찬가지다. 음식 만들 때 소금을 한 꼬집 덜 넣거나 채소를 길쭉하게 썰어 간식으로 먹는 것처럼 소소하게 실천할 수 있는 작은 일이다. 밤새 조용히 내린 싸라기눈은 소복이 쌓여 온 세상을 하얗게 만든다. 작은 습관도 꾸준히 실천하면 소리소문 없이 쌓여 강하게 남는다. 작지만 강한 습관으로 건강한 삶을 누리길 바란다.

좋은 관계의 시작, 인사

— 조보라

오늘 하루, 몇 명의 사람을 만났을까? 최소한 한 명에서 수십 명에 이르는 사람들을 만나면서 하루를 보내게 된다. 사람과 사람의 만남은 인사로 시작된다. 시작만 잘해도 인간관계가 조금은 좋아진다.

기억 속 첫인사. 여덟 살 때였다. 집에서 학교로 걸어가는 길. 마을에서 만난 어른에게 고개를 숙여 "안녕하세요"라고 인사를 했다. 함께 등교하던 친구는 눈짓으로 아는 사람인지 묻는다. 아니라고 고개를 저었다. 친구는 나의 행동을 이해하지 못하겠다는 표정을 지었다.

친구의 그런 반응에도 굴하지 않았다. 길에서 어른들을 만날 때면 공손하게 인사를 했다. 조그만 어린이가 꾸벅 인사를 건네는 모

인생은 습관이 전부다

습이 귀여웠던 걸까? 인사를 받은 어른들은 그냥 지나치지 않았다.

"아이구, 기특해라. 인사를 어쩜 이렇게 잘할까?"

칭찬으로 돌려받았다. 칭찬 덕분일까. 만나는 사람에게 자연스럽게 인사를 건네는 습관이 들었다.

나는 경기도 북부에 위치한 양주에 살고 있다. 집에서 버스 타고 나가야 지하철역에 닿는다. 지하철역까지 가는 버스 중 일반 버스는 아파트 단지를 지난다. 사람들을 태우느라 지하철역까지 30분 넘게 걸린다. 마을버스는 산을 통과하는 시골길을 지나며 지하철역까지 20여 분 만에 달려간다. 택시와 맞먹는 수준으로 빠르다.

서울로 출근하는 아침, 1~2분이 귀하다. 이 작은 차이로 지하철을 타기도 하고 놓치기도 한다. 집 앞 버스 정류장에 '마을버스 잠시 후 도착'이라는 안내가 뜨면 무척 반갑다. 마을버스를 타면 지하철역까지 빠르게 갈 수 있을 뿐만 아니라 자연 비타민을 선물로 받는다. 지나는 길목에 6월엔 노란 금계국이 가득 피어 있다. 바람에 한들한들 흔들리는 금계국은 아침부터 마음을 기쁨으로 채워준다. 가을에는 어떤 모습을 보여줄까, 눈이 오는 겨울은 어떤 모습일까 기대하게 만드는 출근길.

고된 출근길도 덜 조급하게 된다. 아름다운 자연 풍경을 눈과 마음에 담으니 힘이 난다. 마을버스 기사님에게 고마움을 담아 인사한다.

"감사합니다."

사무실에 도착했다. 직원들의 아침 출근 인사 모습은 다양하다.

왔는지도 모르게 자리에 앉는 사람, 기어들어 가는 목소리로 인사하는 사람, 늦어서 인사할 겨를조차 없이 헉헉거리는 사람, 또랑또랑한 목소리로 인사하는 직원까지. 생기 있는 목소리로 인사하는 직원 목소리를 들으니 기분이 좋아진다. 이 직원 덕분에 힘차게 아침 인사 하는 법을 배웠다. 오늘 아침, 나 역시 밝은 목소리로 직원들에게 인사를 건넨다.

"안녕하세요."

직장 생활의 기쁨, 점심시간이다. 오늘은 어떤 식당에 갈까? 뜨끈한 국물, 만두와 떡의 조화가 일품인 떡만둣국 집으로 들어간다. 주문한 식사가 나오면 먼저 감사 기도를 한다. 이 음식이 내 앞에 오기까지 얼마나 많은 분이 수고하였을까. 만두에 들어가는 야채와 고기를 다지고 정성스레 만두를 빚은 사장님, 육수를 만들어내고 만두와 떡이 퍼지지 않게 국물에 담가 먹음직스럽게 음식을 내어주는 조리사님. 배추와 마늘을 길러준 농부의 땀방울에서부터 김치와 마늘장아찌를 만드는 수고까지. 점심 한 끼에 감사할 거리가 가득하다.

"고맙습니다." 계산하며 나오는 길, 감사 인사를 잊지 않는다. 든든한 점심을 먹어서일까? 인사를 한 덕분일까? 내 마음이 감사로 가득 채워진다. 점심 식사 후 카페로 이동한다. 아이스 라테를 주문한다. 커피를 건네받을 때도 인사를 잊지 않는다. 시원한 커피 한 모금은 오후 근무를 견디는 힘이 되어준다.

집에서 한 발짝도 나가지 않은 날도 있을 것이다. 그런 날이라도 아무도 만나지 않은 것은 아니다. 우리는 매일 자기 자신과 만난다. 매일 만나는 자신에게 어떤 인사를 보내고 있는가? 자기 자신에게 따뜻한 인사를 건네보자. 나는 샤워 시간을 자신에게 인사하는 시간으로 보낸다. 샤워는 나에게 중요한 인사 의식이다. 단순히 외부의 먼지를 털어내고 깨끗한 몸을 만드는 시간이 아니라, 자신에게 응원 인사를 보내는 시간이기도 하다. '오늘 정말 수고했다. 너니까 그만큼 해낸 거다. 하루 잘 마치느라 애썼다.' 축복이 가득 담긴 물방울로 온몸을 마사지한다.

'안녕하세요, 감사합니다.' 인사를 전하는 좋은 습관. 내가 삶을 살아가는 비결이다. 오늘 하루에도 몇 번 인사를 건넸을까. 하루에 수십 번 내뱉게 되는 말, 인사는 사람을 마주 대하는 과정에서 존중과 감사를 표현하는 말이다. 상대방의 존재를 인정하고 수고와 노력에 감사를 표현하는 것이다. 화려한 말이 아니어도 된다. 짧은 말속에 마음을 담는 것이 중요하다.

어릴 때부터 배어 있던 인사 습관 덕분에 사람과 관계를 시작하는 것이 조금은 수월했다. 만나는 사람에게 먼저 인사를 건넨다. 환하게 인사를 건네는 사람에게 못되게 구는 사람은 많지 않다. 대개는 내가 건네는 그 인사에 상대방도 마음을 열어 화답하고 대화로 이어진다.

천 리 길도 한 걸음부터. 한 걸음을 내디뎌야 천 리도 갈 수 있다. 인사는 사람의 마음으로 가는 한 걸음이다. 관계를 위한 한 걸음, 상대의 존재를 환대하는 인사로 시작한다.

이 글을 읽는 당신에게도 인사를 건넨다.

"참 고맙습니다."

나와 타협하는 일

— 홍지연

'왜 습관이 중요한가'라는 소제목을 받았다. 당연히 습관이 중요한 건 알지만, 잡고 있지 못한 습관들이 먼저 줄줄이 생각났다. 글쓰기가 중요하다고 하지만 여전히 글쓰기보다는 글씨 쓰기가 더 좋고, 새벽 기상을 하고 있긴 하지만 늦게 잔 날은 건너뛰기도 한다. 여전히 습관처럼 안 좋은 기억이 먼저 불쑥불쑥 떠오르지만, 덕분에 지금의 내가 있다고 생각하면 누굴 탓하겠는가. 글쓰기 커뮤니티에 있으면서 끄적끄적 메모하며 글을 쓴다. 재미있게 글쓰기 수업을 해주니 강사의 잔소리도 이젠 습관처럼 흘러간다.

아침마다 김성희 작가의 『뜨겁게 나를 응원한다』의 한 페이지를 쓰고 있다. 오늘 만난 문장은 '나에게 성공이란 무엇인가?'라는 질문이었다. 한 줄이 많은 생각을 하게 했다. 하루에 정한 목표를 이룬 것도 성공이라 할 수 있겠고, 하고 싶은 걸 한 것도 성공이겠지.

　며칠 전 봉사활동 간 게 생각났다. 자발적인 봉사는 처음이었다. 캘리 최 회장이 이루고 싶은 목표를 여기저기 비밀번호로 적용해 로그인할 때마다 상기시켰다는 영상을 유튜브로 접했다. 처음엔 따라 해야지 싶어 100억이라고 비밀번호를 적었다. 그러다 문득 100억을 벌고 나면 그다음에 무얼 할지 생각해보게 됐다. 문득 봉사활동을 할 것 같다는 생각이 들었다. '차라리 지금 하는 게 빠르겠는데?' 늘 지나는 도로 옆에 걸린 현수막을 보고 신청해봤다. 그렇게 자원봉사활동을 시작했다. 봉사활동을 마치고 집에 와 샤워를 했다. 문 옆에 붙어 있던 종이가 눈에 들어왔다. '다른 사람의 처지와 입장이 되어보는 것, 그것이 작가의 일이다.' 글쓰기 수업 시간에 적어놨던 어느 작가의 글인데, 찰떡같이 적절한 시기에 보게 된 느낌이었다.

　정리수납 봉사 당일이다. 정리수납을 신청하신 분을 고객님이라고 불렀다. 고객님 집은 물건들로 가득 차 있었다. '세상에 이런 일이'에 나올 법한 모습이었다. 치우는 내내 텔레비전이 켜져 있었고 벽걸이 에어컨 끝에서는 물이 뚝뚝 떨어져 바닥이 흥건했다. 바깥 날씨는 쨍쨍했다가 비가 오기를 반복했다. 그래도 에어컨이 켜져 있어 감사했고, 텔레비전이 켜져 있어 적막하지 않았다. 물건을 버릴 때마다 버릴지 안 버릴지 계속 확인해야 하는데 어떻게 말을 전하느냐에 따라 버릴지 안 버릴지가 판가름이 되기도 했다. 오래된 음료들을 쏟아 버릴 때 "물이 잘 내려가서 너무 감사하네요"라며 함

　　　　　　　　　　　　　　　인생은 습관이 전부다

께 일하던 봉사자 분이 좋게 말하니, 옆에서 "청소 용품이 많아서 수월해요"라며 맞장구도 치게 됐다. 분위기가 화기애애하니 고객님도 마음이 불편하지 않아 보였다. 새 신발들이 박스째 쌓여 있었다. 반나절이 지나 일부 신발들을 기부하기로 결정했고, 고객님도 나중에 봉사하러 나오고 싶다고 얘기하셨다. 정리수납뿐 아니라 응원과 배려도 배우게 됐다.

정리도 습관이다. 마음에 담아놓은 많은 생각과 포부, 하고 싶은 일, 해야 할 일도 많으면 정리가 쉽지 않다. 하루에 세 번 창문을 열고 집 안 환기를 시키라고 하는 것처럼 마음에도 환기하는 습관이 필요하다. 봉사활동을 하며 정리수납 전문가가 어떻게 일하는지를 엿볼 수 있는 하루였다. 운동 처음 한 날처럼 온몸이 쑤셨고, 선물로 주신 파스가 빛을 발했다. 허리와 다리에 파스를 붙이고 바로 눈을 붙였다. 오랜만에 깊이 잤다.

습관이 되면 참 좋은데, 좋은 습관을 들이기까지 견디는 게 쉽지 않을 뿐이다. 잘 쓰고 싶어서 새벽마다 글씨를 연습했다. 붓펜으로 1년, 먹글씨로 1년 썼다. 한참을 보며 매일 썼다. 선생님이 쓰신 문장을 따라 쓰고 다시 쓰고 하다 보면 2시간은 금방 갔다. 선생님처럼 마음 담긴 글씨를 쓰고 싶었다. 이젠 안 쓰면 허전할 정도로 습관이 됐다. 평소에도 A4 용지와 화선지에 글씨를 쓴다. 이렇게 자연스럽게 습관으로 자리 잡도록 적응하는 시간이 필요함을 한 가지 습관을 들여보고 나서야 알게 됐다. 남은 습관들도 의식적으로 들여야 하는데 자꾸 뒤로 밀린다. 여전히 나와 타협하는 일이 반복인 일상이다.

글 쓰는 작가보다는 글씨 쓰는 작가가 더 마음이 편하다. 글쓰기는 왠지 책임이 더 따르는 느낌이다. 그럼에도 글쓰기 모임에 연결된 사람들을 통해 좀 더 뻔뻔해지는 태도를 배우게 됐다. 오늘도 긍정 확언 자기 암시문 내용을 읽고 들으며 다시 습관을 만들어보려 한다. 강은영 강사의 멘탈 파워 성공 스쿨 단체 카카오톡 방에서 한 달간 '나사랑' 긍정 확언을 녹음해 단톡방에 올려봤다. '떨리려면 떨리고 불안하려면 불안해라. 나는 오늘부터 나의 얼굴에 철판을 깔았다. 나는 두려움을 이겨낼 힘을 가지고 있다. 나는 무엇이든 할 수 있다. 나는 어떤 일이든 이룰 수 있다. 반드시 좋은 결과가 있을 것이다. 나를 믿고 내 선택을 믿자. 나는 모든 면에서 점점 좋아지고 있다. 나는 매일 긍정적으로 변화하고 있다. 오늘도 좋은 하루! 신나는 하루! 최선을 다하는 하루가 될 것이다. 지연아! 사랑한다. 넌 정말 특별하고 소중한 사람이야.'

나를 사랑하는 습관을 만들려고 노력하는 나에게 고맙다.

한참을 쓴 것 같은데도 분량이 남아 있다. 모니터를 봐도 생각이 나지 않아 쓸 거리가 없나 휴대폰을 열어봤다. 카톡방에 올라온 사진 한 장이 눈에 들어왔다. 시원해 보이는 카페 풍경이 좋아 보였다. 점심을 챙겨주고 집을 나왔다. 장마가 지난 지 얼마 안 된 것 같은데 밖은 푹푹 찐다. 큰길가 옆 카페에 들어가려다 근처 작은 카페에 들어가봤다. 텀블러를 들고 있으니 용기 내시는 거냐고 물어본다. "네?" 주문할 때 텀블러(용기)를 가져오면 500원을 할인해주는 곳이었다. 텀블러를 들고 있으니 당연히 용기에 담는 걸 물어봤던 거였다.

일회용기의 사용을 줄이기 위해 안성시 지속 가능 발전 협의회와 안성에 있는 카페 열한 곳이 환경을 위해 노력하는 캠페인이었다. 11곳의 카페에서 텀블러(용기)를 사용하면 '용기 내 클럽 엽서'에 스티커를 붙이거나 도장을 찍어준다. 다섯 개를 채우면 방문한 카페에서 기념품을 준다. 기념품 종류와 수량은 카페마다 다르며 선착순이라고 해서 치열할 줄 알았는데 처음 방문한 다즐링 카페의 기념품을 보니 소창 행주가 큰 바구니에 한가득 준비되어 있었다. 주문 후 근처 자리에 앉았다. 재활용에 대한 제안을 하고 있는 카페 사장님과 어느 분의 대화가 들려왔다. 조용히 노력하는 카페 사장님의 일상이 왠지 눈에 들어왔다. 사람 사는 거 다 비슷비슷하고 고만고만하다는 정리수납 대표님 말이 문득 떠올랐다. '용기 내 클럽' 안내문 옆에 적힌 두 문장이 눈에 들어왔다. '하나씩 실천하고 시도하다 보면 나아질 거예요. 혼자서는 바꿀 수 없지만 함께하면 달라질 수 있어요.' 역시 나오길 잘했다.

2장

나를 성장하게 만든 습관

100일의 기적, 100일의 글쓰기

― 김윤정

2011년, 토끼 같은 아들이 태어났다. 기쁨도 잠시, 육아에 대한 걱정과 불안이 나를 괴롭혔다. 아동간호학 전공 책을 다시 꺼냈다. 아기의 성장발달 과정 부분을 폈다. 학생이었을 때는 제법 잘 외웠다. 성적도 좋았다. 그러나 이론과 실제는 달랐다. 육아의 어떤 점이 힘든지 책에는 나오지 않았다. 구체적으로 어떻게 하는지, 어떻게 대처해야 하는지 알지 못했다. 내 주위에는 신생아를 키우는 엄마도 없었다. 더군다나 나는 첫째라 언니가 없다. 당시 엄마는 몸이 편찮았다. 신랑은 직장 일로 바빴다. 전적으로 혼자 아이를 돌봐야 했다.

아들은 낮과 밤이 바뀌어 안아주지 않으면 자지러질 듯 울어댔다. 조그만 소리에도 깜짝 놀라 깼다. 나는 식탁은커녕 제대로 밥을 챙겨 먹을 수 없었다. 십 분만 잠 좀 제대로 잤으면 하는 생각이 간절했다. 다크서클이 턱 밑까지 내려왔다. 퀭한 눈을 하며 아침부터 밤까지 멍한 상태가 계속되었다.

육아 카페에서 희망의 글을 보게 되었다.

'100일을 기다리세요.'

그 글을 본 후로 달력에다가 동그라미를 치며 날짜를 세기 시작했다. 10일, 20일, 50일, 그리고 드디어 100일이 되었다. 아들은 전과 다름없다. 등에 버튼이 달려 있는 것처럼 바닥에만 내려놓으면 울었다. 십 분만 잠 좀 제대로 잤으면 하는 생각도 여전하다. 하지만 아기 울음소리를 들으면 무엇을 원하는지 알 수 있었다. 안거나 기저귀를 갈 때도 요령이 생겼다. 서툴렀던 손놀림은 베테랑 엄마같이 제법 능숙하다. 모성애는 강해졌다. 별 탈 없이 자라주는 것만으로도 감사했다. 백일의 시간은 아기가 아니라 엄마인 내 마음을 긍정적으로 변하게 했다.

2022년, 30대의 마지막이 되던 해다. 메모지에 괜히 39라는 숫자로 도배를 했다. 비가 온다는 일기예보가 있기도 전부터 팔, 다리, 허리가 쑤셔오는 듯하다. 시간은 나무에 그린 나이테처럼 내 눈가에 주름을 만들었다. 흰머리가 고집스러운 마음을 대변하듯 삐죽 튀어나왔다. 이팔청춘 아가씨로만 머물 줄 알았다. 엄마와 할머니가 종종 하던 말을 이제는 내가 하고 있었다.

달력이 두 장밖에 남지 않은 11월, 그날은 유난히도 햇살이 사무실 책상 위에 따갑게 내리쬐었다. 나는 눈을 찌푸리며 창문 블라인드를 내렸다. 1층에서부터 계단을 급하게 뛰어오는 소리가 들렸다. 같이 일하고 있는 직원이다. 한참을 내 옆에서 스타카토 같은 숨을 골랐다. 물 한 모금 마시고는 말을 시작했다. 함안군 청년 사업인 힐링 북 컨설팅을 설명했다. 온라인상에서 글을 쓰는 방법을 배운다고 했다. 나이 제한 40세 미만, 기한은 11월 말까지다. 직장과 집에서 할 일들은 산더미같이 쌓여 있다. 어떤 일을 보태기가 겁이 났다. 흥분하며 말하고 있는 직원 옆에서 아무 표정 없이 고개만 끄덕였다. 눈은 컴퓨터 모니터로 향했다. 마감 날짜가 가까워지자 거의 떠밀리다시피 신청서를 접수했다. 그리고 얼마 후 선정되었다는 연락을 받았다. 일이 늘었다는 생각에 한숨이 나왔다.

자이언트에서 줌 화상으로 글쓰기 수업이 이루어졌다. 선생님은 매일 글 쓰는 습관을 가져야 한다고 말했다. 목에 핏대를 세우면서까지 열정적이다. '백지에 검은 잉크 몇 방울 떨어트린다고 뭐가 달라지겠어'라는 내 마음을 어떻게 알았는지, 지금보다 분명 더 나은 삶이 찾아올 것이라고 확신했다. 한 번, 두 번, 그리고 세 번째 강의를 듣고 난 후 진짜 변화가 있을지 궁금했다. 비공개로 두었던 블로그를 전체공개로 돌렸다. 일기장을 샀다. 독서 노트도 만들었다. 한번 도전해보기로 했다.

막상 글을 써보니 한 문단도 완성하기가 쉽지 않다. 두세 시간은 예사로 지나갔다. 하얀 종이도 그대로다. 수업 시간에 선생님은 완벽한 글을 바라지 않는다며, 수다 떨듯 적어보라고 했다. 손가락에 입이 붙었으면 하고 상상했다.

아들과 남편이 빨래 바구니에 양말을 뒤집어놓았다. 치약 뚜껑은 어디 갔는지 찾아도 없다. 나는 인상을 잔뜩 찡그렸다. 발소리도 쿵쿵 내며 걸었다. 노트를 폈다. 뒤집힌 양말을 그려놓고, 나도 속이 뒤집힌다고 썼다. 남편과 아들이 어디로 튈지 모르는 치약 뚜껑이라고 적었다. 괜스레 웃음이 나왔다. 초등학교 과학 시간에 거름종이 실험이 있다. 흙탕물을 깨끗한 물로 정화하기 위해서는 거름종이가 필요하다. 부정적인 생각들을 종이에 쓰고 거르니, 화가 났던 감정이 가라앉았다.

육아하면서 겪은 백일이 떠올랐다. 마음을 바꾸게 한 시간이다. 백일이라는 시간과 종이가 함께한다면 어떻게 될까. 혹시나 가장 깊은 곳에 꽂혀 있는 송곳 같은 아픔도 나아지지 않을까.

내 옆에는 아버지가 없다. 언제나 없었기에 그게 당연하다 생각하고 지냈다. 하지만 세상 사람들은 색안경 끼고 날카로운 시선을 보냈다. 혀를 차며 손가락질하기도 했다. 내 편은 없었다. 다 아버지 때문인 것 같았다. 나는 이를 악물며 참았다. 슬픔을 가리기 위해 진하게 화장을 했다. 못 먹는 술을 연거푸 들이켰다. 센 언니의 기량이라 뻗어냈다. 이런 겉모습에 나를 모르는 사람들은 오해했다. 그로 인해 새로운 상처가 나를 괴롭혔다.

모두가 잠이 들면 나는 창가에 있는 컴퓨터 책상에 앉는다. 블로그를 열고, 내가 겪었던 아픔들을 감추지 않고 마음껏 쏟아낸다. 과거를 당당하게 마주하니 불쾌하고 화났던 감정들이 조금씩 사그라들었다. 마스카라가 번져 눈물이 턱 밑까지 흘러내렸다. 얼굴에 검은색으로 11자를 만들어놓았다. 눈이 퉁퉁 부어 벌게졌다. 10일, 20일, 50일. 화장을 지운 얼굴로, 솔직한 감정을 글자로 옮긴다. 감추기보다 드러낸다. 나와 같은 상처를 겪은 사람들이 꽤 많이 있다는 것을 알게 되었다. 그리고 100일, 100편의 글을 적었다. 울기도 하지만 이제는 웃기도 한다.

습관은 일상행동을 반복할 때 만들어진다. 나는 의도적으로 글쓰기라는 도구를 사용한다. 정직한 내가 되는 방법이다. 글을 쓰며 솔직해지는 시간을 갖는다. 원망과 분노로 가득했던 지난날들이 용서와 이해, 연민으로 바뀐다. 100일의 기적처럼 100편의 글을 쓰며 알아가고 있다.

인생은 습관이 전부다

쓰면 달라진다

— 김효진

필사(筆寫): 베끼어 쓰다.

종교 활동을 시작하면서 필사를 알게 되었다. 나에게는 처음 접한 불교 교리가 어려웠다. 베껴 쓰면 공부하기 쉬울 것 같았다. 경전을 출력하고 노트를 구입했다. 문장 하나씩 정성껏 소리 내어 읽고, 손으로 열심히 써 내려갔다. 처음에는 재미없고 지루했다. 쓰는 손에 힘을 얼마나 주었는지 손가락도 아팠다. 어떻게든, 뭘 해서든 잘 살고 싶었던 간절함에 필사했다. 시간이 흐르면서 어렵고 복잡했던 문장들이 머릿속으로 들어와 한 줄씩 이해가 되기 시작했다. 마음속에 자비와 감사의 마음이 자주 생겨났다. 어려운 상황에서도 좋은 마음을 유지하는 방법을 배우게 되었다. 복잡하고 싫기만 했던 삶의 여러 순간이 편안하고 평화롭게 느껴질 때도 있었다. 평생 생각해본 적 없는 사명을 '애써' 찾았다. 비전도 적었고 긍정 확언도 만들었다.

원하는 모습과 가치를 찾고, 진심과 간절함을 담아 썼다. 몇 달을 쓰고 나니 노트가 여러 권 쌓였다. 인생 처음으로 뭔가 해낸 것 같아 뿌듯했다. 내가 만들어낸 미래의 모습을 그냥 쓴 것뿐인데 나도 할 수 있다는 자신감이 생겼다. 내가 달라졌다.

악필이다. 급하게 쓴 글은 나도 알아보기 어려울 정도다. 한참을 쓰다 보니, 글씨도 못 쓰는데 손가락까지 아파서 꾀를 부렸다. 노트북 자판을 치는 것으로 필사를 대신했다. 손가락도 아프지 않고, 시간도 덜 걸렸고, 또 무엇보다 글씨 때문에 받는 스트레스에서 자유로웠다. 며칠을 계속했다. 열심히 읽고 필사한 것 같았지만, 노트북으로 베껴 쓰다 보니 내 안에 와닿는 감정이 부족했다. 노력이 충분하지 않았다는 생각이 들었다. 왜 그럴까? 꼼수다. 요행을 바랐다. 손과 뇌는 연결되어 있다. '손으로 쓰기'는 뇌의 여러 부분을 동시에 활성화시켜 창의력과 기억력을 높여준다. 그래서 몸으로 배운 기억은 오래 남는다고 했나 보다. 다시 손으로 쓰기 시작했다. 마음을 담아냈다는 느낌이 진하게 다가왔다. 대충 하려던 내 생각을 몸도 마음도 다 알고 있었다. 천천히 쓰니 글씨체도 예뻐지는 것 같다. 역시 글씨 쓰는 건 정성이다.

A4 용지 한 페이지를 작은 글씨로 가득 채운 경전이 야속한 날도 있었다. 아침 시간에 한 페이지를 다 쓰기까지 한 시간 넘게 걸리

는 날도 있었다. 그렇다고 공부한다면서 글씨를 엉망으로 쓰는 것은 양심상 하기 싫었다. 지금 생각해보면 한 번에 한 장을 다 쓰지 않았어도 괜찮았을 텐데. 양을 채우는 것보다 한 줄 한 줄 소중하게 꾹꾹 눌러 마음에 새겨놓아도 좋았겠다. 하루 중 어느 시간이어도 상관없다. 내 머릿속에 넣고 싶은 생각과 가치, 하고 싶은 행동, 바꾸고 싶은 현실을 담아 쓰기만 해도 좋았다. 한 줄씩 모여서 만들어진 한 장이 무의식 속에서 나의 운명을 바꿀 수 있다고 생각했다. 그저 단순히 글을 적는 것이 아니라 나와의 소중한 대화를 할 수 있는 시간이었다.

'지겨워. 그만두고 싶다.' 당장에 변화가 생기는 것은 아니라서 몇 번 쓰다 든 생각이다. 숙제 같아서 하기 싫었다. 분량만 채우기 급급했다. 미뤄두고 모른 척한 날도 많았다. 쓰지 않는 동안 생각에 대한 변화가 찾아왔다. 오만 잡생각이 들기 시작했다. 손으로 글씨를 쓸 때는 들지 않던 생각들이 갑자기 밀려 들어왔다. 큰딸은 왜 말을 안 듣는지, 둘째 딸은 왜 옷을 갈아입고 방바닥에 놔뒀는지, 남편은 오늘따라 연락도 없이 왜 늦게 퇴근하는지… 눈에 보이는 모든 것마다 신경 쓰였다. 습관처럼 올라오던 불평불만을 쓰는 행동으로 잠재우고 있다는 것을 그제야 알게 되었다. 사람은 한 번에 두 가지를 못 한다더니, 진짜였다.

종종 눈물이 나기도 했다. 내면 아이와 이야기하고 그의 마음을 풀어주라는데 나는 잘되지 않았다. 내면 아이가 뭔지도 잘 몰랐다. 어색했고, 말을 잘하지도 못했다. '내 마음이 불편하면 즉시 해결합니다. 나는 내 인생의 주인공입니다.' 두 문장을 썼다. 매일 쓰던 문장이었는데 그날은 평소와 다른 생각이 떠올랐다. '야, 그동안 불편했던 내 마음은 모른 체했잖아. 남의 기분이나 신경 쓰며 살아온 주제에 무슨 주인공?' 내가 생각했던 말들이 떠올랐다. '내가 조금만 참자. 지금 내가 여기서 한마디 하면 분위기가 싸해지겠지? 그냥 웃어! 아, 좀 무시하는 것 같은데 한마디 할까? 그러다 싫은 표정 하면 뭐라고 해? 아, 모르겠다. 생각하지 말고 하던 대로 하자. 그냥 입 다무는 게 서로 좋은 일이야.' 가슴 한복판이 답답하다. 눈물이 차올라 앞이 흐려졌다. 나를 돌보지 않은 건 다름 아닌 나였다. 축축해진 노트에 마음 담아 나에게 사과의 글을 적는다.

좋은 것은 나누고 싶은 게 사람인가 보다. 깊이 생각할 수 있는 문장, 행복해지는 문장, 정신을 번뜩이게 하는 문장들을 찾아서 정리하고 출력했다. 부드럽게 써지는 펜과 함께 지인들에게 선물했다. "아침에 한 장씩 써봐." 좋아하는 문장을 골라서 쓰는 것도 필사 방법이라고 말해줬다. 어떤 친구는 귀찮다며 떨떠름한 표정으로 출력물을 받아들었다. 그래도 집에 가서 써보기는 했던 모양이다. 시간이 꽤 흐르고 연락이 왔다. 출력해준 문장들을 다 썼다고. 그냥 썼는데 마음이 편해진다고 했다. 필사 후 종일 기분이 좋았다고 했다. 어떤 지인은 손이 아파도 할 만하다며 더 좋은 문장은 없냐고 묻기도 했다. '마음에 새겨져 무의식 중에도 생각날 때까지 반복해서 써. 열 번이고 백 번이고 더 쓰는 거야!'라고 말했다가는 그만하겠다는 소리나 듣겠지.

필사하면서 감정들을 발견하게 되었다. 기쁨과 감사의 감정을 느끼기도 했고, 슬픔과 아픔을 꺼내어주기도 했다. 마음의 흐름을 잘 볼 수 있었고, 감정을 더 잘 느낄 수 있었다. 쓰면 쓸수록 내가 원하는 방향으로 성장해나가고 싶다는 강한 의지가 생겼다. 적어나가는 문장들이 마치 나에게 편지를 쓰는 것 같았다. 내가 어떤 모습으로 성장하고 싶은지, 어떤 삶을 원하는지를 솔직하게 적어내는 과정이었다. 그렇기에 쓰는 매 순간이 의미 있었다.

좋아하는 문장들을 공유하고 나누면서 소통하는 소중한 시간을 보냈다. 가끔 힘들다고 생각하고 있을 때면 누군가 알아주기만 해도 눈물 난다. 필사도 그랬다. 내 마음을 내 손으로 쓰며 알아주었고, 힘을 얻었다. 속삭이듯 떠오른 생각들, 이 작은 고백이 아픈 마음을 달래주었다. 내 안에 들어와 따스한 세상을 만들어주기도 했다. 불만과 두려움이 줄어들고, 나 자신을 받아들일 수 있었다.

이제 나는 더 강하게, 더 자신 있게, 더 사랑스러운 주인공으로 살아간다. 노트 속 작은 세상에 큰 가치를 찾으며, 감사와 사랑으로 가득한 내 삶을 써 내려간다. 쓰면 달라진다.

기록이 전부다

— 백란현

블로그 덕분에 성장하였다. 블로그 운영에 필요한 세 가지 습관 덕분이다. 책 읽어주는 습관, 사진 찍는 습관, 즉시 기록하는 습관이다. 이는 나를 출간 작가로 만들어주었다. 세 가지 습관에 관한 내용이 다른 사람들의 성장에도 도움이 되었으면 하여 내 이야기를 꺼낸다.

첫째, 책 읽어주는 습관이다. 큰딸 희수가 6개월 되었을 때 '리딩 트리'라는 이름으로, 읽어준 책 제목을 메모하기 시작했다. 이러한 기록은 아기에게 책을 꾸준히 읽어줄 수 있는 원동력이 되었다. 결혼과 동시에 학교 도서관 업무를 맡았다. 사서가 없는 도서관에서 학생들에게 책을 추천하기 위해 아동 도서를 찾아 읽었다. 어떤 책이 학생들에게 잘 읽힐까 고민했다. 그림책 연구하는 교사 모임에도 들어갔다. 학급 학생들에게 읽어준 그림책이 고스란히 육아 아이템이 되었다. 다양한 색채를 가진 그림책을 희수가 한두 페이지라도 봤다면 즉시 블로그에 기록했다. 책 제목, 누적 권수, 책에 대한 희수의 말과 행동까지 메모했다. 읽어주고 기록했다. 기록하고 싶어서 새로운 책을 읽어주었다.

둘째, 사진 찍는 습관이다. 디지털카메라 구입 후 마구 찍어댄 사진의 용량이 가득 찼다. 그래서 블로그를 사진 저장 공간으로 사용했다. 스마트폰을 사용하기 시작하면서 나의 폰 구매 기준은 용량이었다. 현재 사용하고 있는 스마트폰 용량은 512기가로 단종된 모델이었다. 대리점에 한 대 남은 것을 수소문하여 구입할 정도로 사진 찍고 보관하는 일을 중요하게 생각한다. 이동하는 순간마다 사진으로 남긴다. 출근길 도로 상황도, 내 얼굴도, 아침에 교실에서 읽어준 책 사진도 모조리 찍는다.

셋째, 기록하는 습관이다. 사진을 활용하여 블로그에 오늘 기록을 남긴다. 날짜별로 사진만 블로그에 올린 적도 있었다. 사진에 대한 설명은 붙이지 않은 채 50장씩 올려둔 결과 불편한 점을 발견했다. 블로그 포스팅 개수는 시간이 흐를수록 늘어나기 마련이다. 초고를 쓰거나 강의 자료를 만들기 위해 블로그에 올려둔 사진을 찾을 때면 시간이 오래 걸리거나 찾지 못하는 경우도 있었다. 요즘은 찍은 사진을 블로그에 올릴 때 날짜와 사진에 대한 설명을 간략하게나마 본문에 메모한다. 내 블로그에서 검색어를 넣어보면 설명 덕분에 필요한 사진을 찾아내기가 수월하다. 공개 여부와 관계없이 사진은 블로그에 올려 기록으로 남긴다. 블로그 관리 화면에서 카테고리를 블로그형이 아닌 앨범형으로 글 보기 설정을 해두면 나만의 사진 갤러리가 된다.

작가가 되고 싶었다. 이왕이면 교육서를 쓰고 싶었다. 책이라는 객관적인 도구로 사람들에게 나의 전문성을 보여주고 싶었다. 연수 강사를 하는 유명한 선생님들은 모두 개인 저서가 있었다. 나보다 경력 낮은 선생님이 강의할 때면 부러웠다. 나도 책을 내고 강의도 하면 얼마나 좋을까 상상했다. 연구대회 보고서도 쓸 줄 몰라서 '교실 수업 개선 실천대회' 결과 제출도 하지 않았다. 그런데 어떻게 교육서 한 권을 쓸까.

학교에서 가르칠 때 가장 신나는 과목이 무엇인가 생각해보니 수학이었다. 그 당시 경남수학문화관, 부산교대 수학과 교수와 연결되어 줌 회의에 자주 참석했던 점도 한몫했다. 수학교육서도 내고 대학원도 수학교육과로 가보기로 했다. 수포자를 위한 수학교육서 집필을 시작했다. 수학교육 분야의 연수 강사가 되는 꿈도 함께 가졌다. 초고 한 편씩 쓸 때마다 한계를 느꼈다. 수학교육에 대한 나만의 기록이 많지 않았다. 기억으로 남아 있는 것은 큰딸이 수학을 어려워한다는 사실뿐이었다. 작가가 되기로 하고 수포자를 위한 수학교육서를 쓰기로 했다. 그리고 결과물이 나오면 강사의 길도 열릴 거라는 상상도 했다. 결과물을 만들지 못했다. 수포자를 위하려다 작가가 되겠다는 꿈까지 포기할까 두려웠다.

출판 그리고 강사. 두 개의 단어에서 나는 독자와 수강생을 놓치고 있었다. 수학교육 직무연수 강사가 된다 하더라도 보여줄 수 있을 만큼 쌓아둔 경험치는 많지 않았다. 말로만 하는 교육 경력과 기껏해야 코로나 시절 수학 수업 한 단원을 촬영해둔 파일이 전부였다.

반 이상 채웠던 수학교육서 집필을 때려치웠다. 무엇을 쓸까 고민은 또다시 이어졌다. 독자와 수강생 앞에서 내가 보여줄 수 있는 것은 무엇인지 찾기 시작했다. 추석 연휴가 지나고 출근을 앞둔 날이었지만 잠을 설쳤다. 생각날 때마다 메모했고 블로그 기록도 찾아 다시 읽었다. 책 쓰기 수업에서 늘 들었던 '나의 이야기로 타인을 돕는다'라는 말이 이제야 와닿았다. 독자와 수강생을 도울 수 있는 분야는 '독서교육'이었다. 평소 교실에서 아이들에게 신간을 먼저 읽어준다. 읽어주었을 때 아이들 반응과 내 느낌을 기록으로 남겼다. 기록이 '백작 초등 독서교육'의 콘텐츠가 되었다. 책 표지와 독서 활동 사진으로 인해 세 자매 독서 육아 상황과 독서 수업 장면이 기억으로 되살아났다.

학교에서 독서교육 업무를 맡을 때마다 과정을 블로그에 메모해 두었다. 2005년 학교 도서관 업무 한글 파일도 가지고 있었다. 블로그에는 세 자매에게 읽어준 책 제목과 날짜, 연령대별 책에 대한 반응까지 적어두었다.

10년 넘는 기간 동안 블로그를 기록하는 습관을 유지한 덕분에 『조금 다른 인생을 위한 프로젝트』를 출간했고 독서교육 강의도 하고 있다. 기록이 부족했던 수학교육서보다는 가정과 학교, 삶에서

늘 함께했던 독서교육 분야가 집필 기간도 짧게 걸렸다.

토요일 아침 7시, '부산큰솔나비' 독서 포럼에 참석했다. 우리 집에서 경전철 탈 수 있는 김해대학역까지 차로 이동했다. 부산지하철 3호선과 1호선을 차례대로 갈아탔다. 부산대역에서 내린 후 모임 장소인 대동대 평생교육원까지 두 시간 걸렸다. 되돌아오는 길엔 지하철과 버스로 세 번 환승했다. 읽은 책에 대하여 회원들과 이야기 나누기 위해 월 1회 이상 가볼 생각이다. 내리는 곳 놓치지 않으려고 노선도를 반복해서 확인했다. 왕복 네 시간, 의미 있게 보내야 한다. 스마트폰 카메라, 예스24 전자책, 네이버 메모, 블로그 앱을 활용했다. 독서한 내용 기록하고 사진도 찍는다. 집으로 되돌아오는 길에는 독서 포럼 다녀온 여정과 배운 점도 블로그에 작성했다. 책을 읽고 토론하기 위해 부산에 다녀온 '오늘' 하루 기록도 놓치지 않고 남겼다. 또 다른 글의 재료가 될 터다.

읽어주는 습관, 사진 찍는 습관이 쌓여 기록하는 습관까지 이어졌다. 기억력은 흐려지겠지만 텍스트로 완성한 기록물은 나 대신 기억한다. 작가가 된 후 생각해보니 하루를 모조리 다 쏟아내고 싶을 정도로 '오늘'의 이야기가 풍성하다. 쌓인 글 속에서 내가 쓸 한 편의 글에 도움 되는 에피소드가 나온다.

기록하는 습관은 나를 성장시킨다. 글쓰기 솜씨도 좋아지면 금상첨화다. 내가 처음 부산 독서 포럼에 참석한 그날은, 블로그 기록 덕분에 1년 후에도 생생하게 기억날 것이다. 기록이 전부다.

인생은 습관이 전부다

나를 변화시킨 습관의 힘

— 서영식

자기 계발에 관심이 많아서 관련 책을 많이 읽었다. 직장 생활 초기에 조신영 작가의 『성공하는 한국인의 7가지 습관』을 읽었다. 이 책에도 소개된 프로그램으로, 좋은 습관을 만들어주는 '플러스 리더십' 프로그램에 참여한 적이 있다. 7가지 습관은 기상, 플러스 사고, 시간 관리, 독서, 운동, 일기, 칭찬과 용서 습관이다. 7주 동안 열 명과 매주 빠지지 않고 참여했다. 좋은 습관을 만들고 싶다는 공통 목표가 있었다. 서로 응원하면서 함께했다. 수료증도 받았다.

같은 곳에서 하는 온라인 습관 쌓기 'Plus 3 hours' 프로그램에도 참여했다. 오프라인과 같은 7가지 습관을 통해서 성장하는 방법을 배웠다. 하루 중 세 시간, 성장을 위한 습관을 매일 실천하는 프로그램이다. 게임처럼 계속 점수가 쌓이면 등급이 높아진다. 포인트를 계속 쌓을수록 레벨이 올라간다. 포인트로 도서를 구매할 수도 있다. 기억을 더듬어보면 최고 레벨이 70이었다. 자료를 찾아보니 35레벨까지 올라갔던 기록이 남아 있다. 온라인에서 매일 실행하려고 노력했다. 플러스 7가지 초록 불 켜기를 매일 해야 한다. 한 개라도 놓치면 포인트를 받지 못한다. 첫째, 아침 기상 체크를 클릭한다(오전 5시 30분 이전에 클릭해야 인정함). 둘째, 플러스 사고다. 긍정적인 글 한 줄을 쓴다. 셋째, 시간 관리를 어떻게 할지 간단히 메모한다. 넷째, 독서는 기상 후 읽은 책 내용을 기록한다. 다섯째, 오늘 운동 계획을 쓴다. 달리기, 걷기, 스트레칭이나 간단한 몸풀기를 쓴다. 여섯째, 일기 쓰기다. 어제 있었던 일이나 오늘 기분을 쓴다. 일곱째, 칭찬과 용서는 긍정적인 마음으로 칭찬할 일이나 용서할 일을 쓴다. 인터넷으로 접속해서 하나씩 완료하면 빨간색 불이 초록색으로 변한다. 매일 7개를 다 끝내면 완료했다고 날짜에 표시가 된다. 연속해서 빠지지 않고 해야 포인트가 쌓이고 레벨이 올라간다. 함께하는 사람들이 서로 응원한다. 프로그램에 참여할 때 꾸준히 했다. 매일 5시 30분 이전 기상했다. 출근하기 전 1시간 동안 독서도 하고 일기도 썼다. 생각해보면 그때 경험한 프로그램이 좋은 습관을 길러주는 계기가 되었다. 가장 도움이 된 습관은 독서 습관이다.

　이십 대부터 자기 계발에 관심이 많았다. 지금도 성공한 사람들의 글이나 책을 많이 읽는다. 나도 저 사람들처럼 성공하고 싶다는 열망이 있다. 공통점은 '독서 습관'이다. 성공한 사람 중 독서를 하지 않는 사람은 거의 없다. 매일 꾸준히 독서를 한다. 독서와 성공한 사람을 키워드로 검색해보면 알 수 있다. 성공한 사람들은 끊임없이 배우기 위해서 책을 읽는다. 빌 게이츠도 휴가 기간 중 아무것도 하지 않고 책만 읽었다. 워렌 버핏, 마크 저커버그, 오프라 윈프리 등 해외 유명 인사들도 있고 국내에서는 세종대왕, 다산 정약용, 이순신 장군, 법정 스님, 국민 MC 유재석, 가수 아이유 등이 모두 독서광이다.

나도 책 읽기를 좋아한다. 예전엔 열심히 읽기만 했다. 읽고 나면 머릿속 어딘가엔 기억이 남아 있다고 생각했다. 지나고 나면 기억이 안 난다. 한 번 읽었던 책을 다시 펼쳐보면 내용이 완전 새롭다. '내가 이런 글을 읽었나?'라는 생각이 든다. 자이언트 북 컨설팅의 서평 쓰는 독서 모임 '천무'에 34회째 참여하고 있다. 선정된 책을 읽고 참여한다. 독서 노트를 쓰고 토론하고 서평을 쓴다. 내가 읽으면서 밑줄을 긋고, 간직하고 싶은 문장을 알 수 있다. 블로그에도 서평을 기록한다. 언제든지 들어가서 읽었던 책 내용을 찾아볼 수 있다. 기록을 남기니까 기억이 안 나는 것에 대해 걱정을 할 필요가 없다.

독서 습관이 인풋이라면 독서 노트는 아웃풋이다. 처음에는 독서 노트 쓰는 방법을 몰랐다. 읽은 책 제목과 저자만 쭉 나열하곤 했다. 서평을 쓰고 나니 이 책을 통해 얻었던 경험이 쌓인다. 같은 책을 읽고 자이언트 작가들과 독서토론을 한다. 삶의 경험에 따라 선택하는 문장이 달라진다. 어렵고 힘든 시기에 책을 통해 치유를 받았다는 얘기도 듣는다. 먼저 인생을 살아본 선배의 조언도 듣는다. 독서를 통해 지식을 쌓고 서로 얘기를 듣고 생각이 넓어진다. 기록으로 남겨서 공유도 한다. 한 번에 세 가지를 얻는다. 첫째, 좋은 책을 읽는다. 둘째, 독서 노트로 기록을 남긴다. 셋째, 독서토론을 하면서 한 권의 책으로 일곱 명의 얘기를 듣고 생각이 넓어진다. 나를 성장하게 하는 좋은 습관이 하나 더 생겼다.

독서를 많이 할수록 책을 내고 싶다는 간절한 마음이 생겼다. 나름대로 책을 쓰기 위한 목차를 만들기도 했다. 책 쓰기 특강을 하는 곳을 찾아가서 수업을 들었다. 일일 특강을 들을 땐 한번 해봐야지 하는 생각도 했다. 하지만 오래가지 않았다. 책을 쓰고 싶다고 마음먹는 것과 실제로 실행에 옮기는 것은 달랐다. 책 쓰기 수업 비용은 생각 이상이었다. 비용도 있지만 책을 어떻게 쓸지 마음의 부담이 더 컸다. 2021년 8월 자이언트 책 쓰기 수업에 등록하고 2년째 듣고 있다. 책 쓰기 강의를 찾다가 블로그에 올라온 무료 특강을 듣게 되었다. '아! 나도 할 수 있겠다'라는 생각이 순간 번쩍였다. 깜깜한 동굴에서 한 줄기 빛을 발견한 느낌이 들었다. 자이언트 수업에서 듣는 내용에는 새로운 정보와 지식이 많다. 선택과 집중이 중요하다. 2022년 12월에 첫 번째 공저를 출간했다. 2023년 6월에 두 번째, 세 번째 공저를 출간했다. 책 제목으로 이어도 한 문장이 된다. '글쓰기를 시작합니다, 오늘이 전부인 것처럼, 그 문장이 내게로 왔다.' 2년 만에 세 권의 책을 출간했다. 꿈을 이루기 위해서는 목표를 가져야 한다. 목표가 있으면 어떻게 실행할지 계획을 세워야 한다. 실행하는 방법도 배워야 한다. 계속 수업을 듣는다.

일하는 방법은 다양하다. 똑같은 업무지만 하는 방식이 다르다.

A는 단축키를 쓴다. B는 마우스를 계속 움직이고 클릭한다. 같은 일을 하더라도 방법에 따라 마치는 시간에 차이가 난다. 방법을 알기 위해서는 배워야 한다. 배우는 방법도 알아야 한다. 가만히 있는데 누가 와서 가르쳐주진 않는다. 내가 찾아서 움직여야 한다. 아무것도 하지 않고 있는 사람에게 기회가 찾아오진 않는다. 내가 원하는 것을 찾고 뇌에 반복해서 입력해야 한다. 내가 책을 출간한 것도 반복해서 입력했기에 가능하지 않았을까?

하고 싶은 꿈을 이루기 위해서 도전하는 사람이 있다. 새로운 일을 시작하려면 두렵다. 미리 준비해야만 한다. 직장 선배 K는 회사에 속하지 않고 독립하고 싶어 했다. 업무와 관련한 개인 사업을 하려고 회사 다니면서 7년 동안 준비했다. 하고 싶은 일을 위해서 평일에는 회사 업무를 열심히 하고 주말을 이용해서 준비했다고 한다. 어떻게 직장 생활을 하면서 준비를 했냐고 물어보니 '나는 평소에 200% 일을 한다. 120%는 직장 일, 80%는 내가 하고 싶은 일을 한다'라는 답변을 들었다. 목표와 꿈이 있으면 방법을 찾는다.

결혼하고 신혼 초에 아내와 같이 수영을 배웠다. 아내는 선수급이다. 물개처럼 펄펄 날아다닌다. 나는 물이 무서웠다. 초등학교 5학년 때 군부대 근처에서 물에 빠져 죽을 뻔한 경험이 있다. 나무로 만들어진 상자를 타고 작대기로 저어서 물웅덩이를 건너는 중이었다. 거의 다 도착했는데 갑자기 무서워졌다. 내가 중간에 벌떡 일어났다. 뒤뚱뒤뚱 균형을 잃고 상자가 뒤집혔다. 난 물에 아예 뜨지 않는 사람이었다. 필사적으로 아는 동네 형의 목을 붙잡고 매달려서 겨우 살았다. 내 키보다 훨씬 깊은 웅덩이였다. 그때 그 형에게 고마웠다는 말을 꼭 전하고 싶다. 어릴 때 두려움을 극복하고 수영을 배웠다. 발차기부터 하나씩 배웠다. 석 달 정도 배웠는데 왕복을 하는 수준까지 올랐다. 새로운 일을 배울 때 두려움을 이겨내는 방법은, 그 일을 정말 제대로 배우는 것이다.

2021년 8월부터 2년 넘게 글쓰기, 책 쓰기 수업에 빠지지 않고 참여한다. 꾸준히 할 수 있게 하는 힘은 무엇일까? 첫째, 반복이다. 생각하지 않고 매주 토요일은 무조건 참석한다. 둘째, 변화다. 배우면서 많이 성장하고 있다. 생각하는 습관, 말하는 습관, 삶의 태도를 배운다. 머릿속에 저장만 하진 않는다. 실천한다. 긍정적으로 생각하고 말도 한다. 남 탓하기 전에 나를 더 유심히 본다. 셋째, 눈에 보이는 성과다. 공저 세 권을 출간했다. 내가 몰랐던 새로운 세상을 만났다. 내가 경험한 좋은 습관을 만드는 방법과 글쓰기, 책 쓰기를 통해 달라진 인생을 다른 사람에게도 알려주려고 한다. 맛있는 음식이 있으면 좋아하는 사람과 먹고 싶은 마음이다. 책 쓰기 코치를 하기 위해 준비하고 있다. 누구나 자신의 경험을 글로 쓰고 책으로 낼 수 있다는 사실을 알리며 도움을 주는 일을 시작하려고 한다.

그냥 하세요

— 송슬기

나는 수다쟁이다. 처음엔 낯을 좀 가리는 듯해도 대화가 잘 통하는 상대를 만나면 달라진다. 마음이 맞는 사람과 이야기를 나눌 때면 시시콜콜한 것까지 말할 때가 많다. 그러나 늘 지나치거나 과한 게 문제다. 처음엔 즐거웠던 수다도 말을 많이 하다 보니 실수가 잦았다.

말이 많은 나는 핑계와 변명도 많았다. 학창 시절부터 그랬다. 숙제를 기한 내에 제출하지 못하면 갖은 핑계를 대었다. 미리 해두면 될 일을 미루다 꼭 마감 시간이 다 되어서 부랴부랴 할 때가 많았기 때문이다. 준비물을 챙기지 못하거나 선생님께 혼이 날 상황이 생길 때면 이유 같지 않은 변명을 둘러댔다. 집에 일이 있다며, 몸이 아프다며 상황을 모면하려고 한 적이 많았다. 당시 선생님들도 얕은꾀를 알고 있었겠지만, 그냥 넘어갔는지도 모른다. 그렇게 한두 번 핑계를 대며 시작되었던 덧붙이는 습관은 의식하지 못한 채 변명하는 습관이 되었다.

스무 살, 처음 군 복무를 하면서 힘들었던 것은 언어 습관 때문이었다. 군대는 문장을 '~다, ~나, ~까'로 끝낸다. '식사하셨어요'가 아니라 '식사하셨습니까', '아니요'가 아니라 '아닙니다.' 문장을 제대로 말하지 못하면 기초체력단련 훈련, 소위 말하는 기합을 받았다. 말투는 비교적 빨리 익혔다. 그러나 정작 문제는 다른 데 있었다. 말을 덧붙이는 습관 때문이었다. 선배나 상관이 지적할 때면 꼭 사족을 달았다. 합당한 이유가 있다면 말하는 것이 옳다고 생각했다. 그러나 옳고 그름보다 말하는 태도로 더 많은 야단을 들었다.

군대의 특성상 답변과 보고는 신속하고 간략해야 했다. 핑계와 변명이 통할 리도 만무했고 오히려 불손한 태도로 여겨졌다. 억울했다. 이유나 사정을 들어주지 않는 동료들도 야속했다. 나중에는 혼이 나거나 질책받는 것이 싫어서 무조건 '알겠습니다'로 대답했다. 잘 몰라도, 부당한 지시처럼 느껴져도 일단 알겠다고 말했다. 알겠다고 대답하면 문책 시간이 짧아지는 것 같았다. 변명 대신 회피를 택한 것인지도 모르겠다. 겉으로 내뱉은 말과 속마음이 달랐다. 불만이 점점 쌓여갔다. 군대는 이래서 저래서 나와 맞지 않는다고 핑곗거리를 찾았다. 사실은 제대로 적응하지 못한 내 성격 탓이었는데, 당시엔 인정하지 못했다.

10년 넘는 군 생활을 끝내고 나서도 마찬가지였다. 나와 보직이

맞지 않아서, 내가 근무한 환경이 좋지 않아서 전역한 것이라고 변명했다. 군 생활뿐만 아니라 매사가 그랬다. 결혼 후에는 남편 때문에, 출산 후에는 아이 때문에, 육아 때문에 남 탓을 하며 시간을 허비했다.

작년부터 글을 쓰기 시작했다. 내 이야기를 쓰면서 그제야 내게 변명하는 습관이 있다는 것을 마주하게 되었다. 원치 않은 결과를 피하고 싶었던 마음, 인정하고 싶지 않은 마음을 그때 비로소 알았다. 상처라고 생각했다. 힘들고 어렵다고 생각해 해결하려는 시도조차 하지 않았다. 실패나 문제가 나의 부족함 때문이라는 사실을 드러내고 싶지 않았다. 다른 사람들이 나를 형편없이 볼까 봐 걱정되었다. 핑계를 통해 진실과 현실로부터 도망치려고만 했다. 그러나 비겁한 변명이 오히려 나를 성장하지 못하도록 방해했다는 것을 최근에서야 깨달았다. 핑계나 변명으로 책임을 회피하는 대신 잘못을 인정하고, 문제의 원인을 제대로 파악하고 수정하는 것. 그것이 개선과 성장의 기회라는 것을 알 수 있었다.

매주 듣는 글쓰기 수업도 변명하지 않는 습관을 기르는 데 도움이 되었다. "그냥 하세요"라는 말은 마법의 주문과도 같았다. 글 쓸 시간이 없다고, 글쓰기가 부담된다고 말하는 사람에게 일단 써보라는 말이었을 것이다. 그 말이 꼭 나에게 하는 말 같았다. 시간은 만드는 것이라고, 잘 써야 한다는 부담감도 내려놓고 일단 행동하라는 수업 내용이 삶을 돌아보게 했다. 핑계를 대기만 해서는 삶이 나아질 수 없다고 나를 강하게 꾸짖었다. 글쓰기의 태도에 대한 수업에서 삶의 태도를 배웠다.

과거엔 걱정만 하다가 주저했던 적이 많았다. 목표에 대한 확신이 없으니 끊임없이 자신을 의심하며 중도 포기하는 날도 많았다. 그럴수록 나는 무엇 하나 제대로 할 수 없는 사람이라는 생각이 들었다. 스스로 자존감을 갉아먹으면서도 핑계와 변명으로 일관했다. 그러나 "그냥 하세요"라는 말이 나를 행동하게 했다.

매일 블로그에 기록을 남긴다. 하루가 가기 전에 반드시 10분이라도 시간을 낸다. 어느 날은 읽은 책에 대한 감상을 쓰기도 하고 어느 날은 세 줄 일기라도 쓴다. 1년 넘게 써온 글이 제법 쌓였다. 누군가에는 짧을 수도, 길 수도 있는 상대적인 시간이겠지만 글을 쓰지 못했다는 핑계를 대지 않았다. 잘하고 못하는 성과에 의미를 두기보다 오로지 '했다'에 집중하니 망설임 없이 행동하게 되었다.

작은 습관이지만 책 한 권을 필사하기로 마음먹었을 때도 똑같았다. 예전 같았으면 책 한 권 언제 다 필사하나 한숨부터 먼저 쉬었을 나였다. 예쁜 공책, 잘 써지는 펜이 없어서 못 한다고 구시렁거리다 포기했을지도 모른다. 하지만 핑계 대지 않는 습관 덕분에 벌써 여러 권째 필사를 마쳤다. 빈 노트로 충분했다. 잉크가 나오기만 하면 되는 펜 하나 들고 한 줄 문장이라도 썼다. 습관 덕분에 조금씩 달라졌다. 목표를 이루기 위한 행동 방법을 찾으려 했다. 실천을 위해 적극적이고 주도적인 노력도 하게 되었다.

운동, 어학 공부, 자격증 취득. 시도는 했으나 지속하지 못했던 습관을 떠올린다. 가사 일과 직장 업무, 시간이 없다며 핑계 삼은 지난날을 반성한다. 결국은 나의 노력 부족과 게으름 때문이라고 솔직하게 잘못을 인정해본다. 핑계를 대지 않는 습관을 통해 선택과 행동에 책임지는 태도를 배운다. 잘못이나 원치 않는 결과도 하나의 과정으로 받아들이는 마음을 가져본다. 일상에서 할 수 있도록 고민한다. 잠을 줄이거나, 매일 10분 습관처럼 할 수 있는 방법을 찾으려고 노력하니 과거보다 도전도 쉬워진다.

　매일 좋은 습관을 만들기 위한 작은 행동을 반복하고 있다. 아직 완전하게 습관이 몸에 배지 않아 마음이 흔들릴 때도 있다. 누가 알아주는 것도 아닌데 하루쯤 쉬어도 되지 않을까 하는 생각이 들면 "그냥 하세요"라는 말을 떠올린다. 핑계와 변명이야말로 나를 더 후회하게 만드는 것임을 이제는 안다.

인생의 변화가 시작되다

— 이현주

미쳤다. 아직도 정신을 못 차렸구나. 언제까지 이럴 건지. 머리를 쥐어뜯었다. 짜증이 올랐다.

한두 번 괜찮다고 미루었던 것이 습관이 되었다. 모든 걸 미룰 수 있을 때까지 미뤘다. 여유가 많아서도 아니고, 귀찮아서도 아니었다. 미리 하면 손해를 보는 것 같은 이상한 느낌이 들었다. 뭐 군이 미리 할 필요가 있나. 마감이 목까지 차올라 헉헉거리면서도 내일 하지 뭐, 여유를 부렸다. 하는 일이 없어도 해야 할 일을 안 했다.

결국 일이 터졌다. 대학원 기말과제 제출일을 착각한 것이다. 공지를 건성으로 확인한 것이 화근이었다. 날짜가 코앞으로 닥쳤다. 스무 살 철없는 애도 아니고 마흔이 훌쩍 넘어서 시작한 공부인데, '못 했다. 다음 시간에 제출하겠다'라는 말, 할 수 없었다. 발등에 불

　　　　　　　　　　　　인생은 습관이 전부다

이 떨어졌다.

　사무실에 출근했다. 몸과 마음이 따로 놀았다. 온 정신이 과제에 쏠렸다. 업무에 집중을 못 했다. 삼십 분이면 작성할 문서를 오전 내내 붙잡고 있었다. 이것도 마음에 걸리고, 저것도 마음에 걸렸다. 한심했다. 괜히 슬리퍼로 바닥을 찼다. 별별 생각이 다 들었다. 아프다고 핑계 대고 학교에 가지 말까. 그래도 과제는 제출해야 했다. 급한 사정으로 못 했다고 말할까. 급한 사정? 아무리 생각해도 핑곗거리가 없었다. '아, 진짜 어떻게 하지.' 그때까지도 어떻게 하면 미룰 수 있을까만 생각했다. 이도 저도 마땅치 않았다. 결국 밤새워 과제할 일만 남았다. 포기하고 싶은 마음이 올라왔다. 나이 오십이 다 돼 이게 뭐라고. 한숨이 나왔지만 어쩔 수 없었다.

　퇴근 후 부리나케 집으로 왔다. 저녁을 먹을 시간이 어디 있나. 국에 밥을 말았다. 그릇째 들고 책상 앞에 앉았다. 두툼한 교재를 펼쳤다. 곡소리가 절로 나왔다. 대학에서 디자인을 공부했다. 전공과 전혀 다른 일을 하다가 새롭게 시작하는 심리 상담. 무모한 도전이었다. 직업상담사 자격증이 있지만, 합격을 위해 암기를 했을 뿐이다. 상담 이론을 정리해 발표해야 했다. 눈앞이 캄캄했다. 교재를 차분히 읽을 시간도 없다. 마구 베껴 썼다. 발표하면서 더듬거리지 않기를 바랐다. 사람 마음은 왜 이리 복잡한지, 그냥 단순하게 살면 안 되는 건지. 쉴 없이 투덜댔다. 새벽 4시. 졸린 눈을 비비며 키보드를 두들겼다. 이제 마지막 장이다. '감사합니다'라는 문구를 넣었다. 꼴찌로 제출했다.

팔, 다리, 어깨, 허리, 무릎에 손목까지 안 아픈 곳이 없었다. 몇 시간을 꼬박 앉아서 과제를 했으니…. 쯧쯧 혀를 찼다. 이불 속에 몸을 욱여넣었다. 피곤한데 정신은 말짱했다. 휴대폰을 열었다. 휴대폰을 두어 번 놓치고 나서야 겨우 잠들었다.

얼마나 잤는지 모르겠다. 알람이 울린다. 눈도 못 뜨고 더듬거리며 휴대폰을 찾았다. 일어나야 하는구나. 굼벵이 굴러가듯 꾸물거리며 일어났다. 눈이 뻑뻑했다. 세수하며 마구 비볐다. 빨갛게 충혈만 될 뿐 정신을 차리지는 못했다. 20kg 쌀 포대를 짊어진 것 같은 몸으로 학교에 도착했다. 가는 날이 장날이라고, 주차장에 자리도 없다. 돌고 돌아 처음 본 그 자리에 주차했다. 강의실로 걸음을 옮기면서 '아에이오우' 입을 크게 움직였다. 굳어 있는 표정을 풀고 싶었다.

문을 열었다. 삼삼오오 모여 이야기를 나누고 있는 동기들에게 인사를 했다. 옆에 앉은 친구가 눈이 충혈됐다고, 피곤해 보인다고 했다. 너무 열심히 과제를 한 것 아니냐며, 무리하지 말란 말을 덧붙인다. 나는 고개를 작게 끄덕이며 웃었다. 얼굴이 화끈거렸다. 망했다는 말은 부끄러워 삼켰다.

강의가 시작되고 발표 시간. 두 번째 순서다. 다음 주에 하면 오늘보다는 나을 텐데, 시간이 빨리 지나가길 바랐다. 다른 사람의 발표는 들리지도 않았다. 내 과제만 펼쳐놓고 계속 중얼거렸다. 보고 읽을지언정 더듬거리긴 싫었다. 내 순서다. 발을 질질 끌며 앞으로 나갔다. 준비한 자료를 화면에 띄우고 읽기 시작했다. 최대한 자연스럽게, 긴장하지 않은 척. 눈에 띄는 많은 오타에 얼굴은 붉어지고 목소리는 점점 줄어들었다. 지금 무슨 말을 하는 건지 나도 이해할 수 없었다. 쥐구멍이 있으면 들어가고 싶었고, 이불이 있으면 덮어쓰고 싶었다. 대충 읽고 빨리 끝내고 싶었다. 그나마 발표 중간 교수님의 부연 설명으로 어영부영 마무리할 수 있었다. 자리로 돌아오는 그 짧은 거리, 순간 이동이라도 하고 싶었다. 다리가 후들거렸다. 차라리 정신을 못 차렸으면 좋으련만. 의자에 앉자 흐릿한 사람들이 또렷이 보였다. 선명해지는 주변을 보니 몰려오는 창피함, 눈을 감았다.

'네가 그러면 그렇지. 대학원만 다니면 다냐. 공부도 안 하고 뭐냐. 부끄러운 줄 알아라. 하긴 넌 원래 그랬지.' 바보 같다고 나를 몰아세웠다. 자책하고 후회해도 소용없었다. 잘못된 습관 하나로 기분은 바닥을 쳤고 자신감도 바스러졌다. 집에 돌아와 책상 앞에 앉아 멍하게 모니터를 봤다. 이대로라면 미루는 습관을 죽어도 못 고칠 것 같았다. 지금 고치지 않으면 이런 상황이 생길 때마다 전전긍긍할 내 모습이 빤히 보였다.

당장 휴대폰에 알람을 맞췄다. 일정을 하나하나 입력했다. 시간도 정확하게 표시했다. 매년 구매하는 다이어리는 끝까지 써본 적 없었다. 처음 몇 장만 정성을 다할 뿐 나머진 늘 백지였다. 일일이 펼쳐봐야 하니 그것도 귀찮았다. 한눈에 다 보이는 휴대 가능한 달력을 구매했다. 일정을 자세히 썼다. 중요한 것은 형광펜으로 구분했다. 미루는 습관을 없애기 위해 중요한 일, 급한 일, 여유 있는 일 등으로 일정을 나눴다. 전과 같은 실수를 하지 않기 위해 과제를 받은 날에는 새벽까지라도 무조건 70% 이상을 했다. 제출 전 수정과 보완을 반복했다. 여러 번 반복하니 이해도 잘됐다.

지금은 미리 준비하는 습관을 갖고 있다. 갑자기 생기는 급한 일에도 당황하지 않는다. 마음에 여유가 생겼다. 준비한 만큼 발표도 두렵지 않다.

현재에 만족하지 못하면서 변화하려고 노력하지 않았다. 사는 대로 살았고 살다 보니 살아졌다. 불평을 하면서도 바꾸지 않았다. 등줄기에 땀이 흐르는 경험을 하고서야 느꼈다. 바뀌어야 한다는 걸 깨달았다. 갖고 있던 나쁜 습관, 미루는 습관을 버렸다. 미리 준비하고 계획하는 습관을 만들었다. 미루는 습관이 나를 주춤하게 했다면 준비하고 계획하는 습관은 자신감과 안정감을 주었다. 조금씩 생기는 긍정적인 변화에 일상이 바뀌었다. 결과가 좋으니 안 할이유가 없었다. 더 열심히, 더 꾸준히 하게 됐다. 자주 하니 변했고, 변화하니 성장했다.

시작은 독서였다

— 장춘선

평범한 간호사였다. 맡은 환자는 최선을 다해 간호했지만, 주도적으로 살지 못했다. 새로운 일에 도전하지 않았다. 주장을 밝히거나 의견을 내지도 않았다. 내가 진정으로 원하는 일이 무엇인지 알지 못했기 때문이다. 일은 익숙해졌지만 행복하지 않았다. 책을 읽기 시작한 계기로 관심사가 늘어났고 변화와 성장을 하고 싶어졌다.

직장에서 '그릿 전도사'로 활동하고 있다. 병원 독서토론회를 선도해가는 사람들이다. 2018년 홍성화 원장님의 전폭적인 지지로 독서토론회가 시작되었다. 첫 선정 도서는 『그릿』이었다. 나는 10개 병동 간호사의 독서토론 진행을 맡았다. 낯선 문화여서 다들 부담스러워했다. 그때까지만 해도 책 한 권 파고들어 읽어본 적 없었다. 어떻게 핵심 내용을 뽑아내고 토론을 이끌어야 할지 막막했다. 원장님이 주신 요약본을 읽었다. 마치 다른 책을 본 것처럼 혼란스러웠다. 같은 책이었음에도 보는 방향이 달랐다. 원장님은 책에 실린 관련 정보를 찾아 첨삭까지 해주었다. 다양한 시각으로 책을 보게 했다. 핵심 메시지가 될 만한 질문을 몇 개 뽑아 동네 체육공원을 거닐며 혼자 질문하고 답했다. 테드(TED)에서 저자의 강연을 듣고, 유튜브에서 관련된 영상을 보았다. 여러 채널을 통해 책을 해부하듯 보면서 책 읽는 맛을 조금씩 알게 되었다. 부서마다 독서토론회를 이어갔다. 그들은 어떻게 해석하고 진행하는지 배우고 싶어 적극적으로 참여했다.

독서토론회가 자리 잡을 때쯤 지속할 팀을 꾸렸다. 원장님을 중심으로 각 부서에서 진행을 맡았던 12명이 '그릿 전도사'라는 이름으로 활동하게 되었다. 조직 문화에 도움이 될 만한 책을 선정하고 전 직원이 함께할 수 있도록 했다. 나는 유튜브 북 채널을 보거나 블로그 서평 쓰기를 통해 추천 도서를 찾았다. 월례회에서 '그릿 전도사' 활동을 언급할 때마다 신바람이 났고, 점차 책을 가까이하는 사람이 되었다.

나는 신규 간호사 직무교육에서 '그릿과 마인드 셋'을 강의한다. 엔젤라 더크워스가 쓴 『그릿』과 캐롤 드웩이 쓴 『마인드 셋』을 바탕으로 준비했다. 병원 독서토론회의 시발점이 되었던 책이며, 직원들의 행동 철학으로 가져갈 만했다. 나는 두 책을 통해 도전적으로 살아가는 사람이 되었다. '책 읽고 글 쓰는 작가'가 되었다고 감히 말할 수 있다. 간호사가 되어 사회인으로서 첫발을 내디딘 후배들이 그릿을 높이고 성장형 마인드를 장착하기를 진심으로 바랐다.

책을 읽고 달라진 일상을 소개하고자 한다.

첫째, 업무에 활용한다.

간호사를 위한 교육을 기획하고 운영하는 교육 수간호사로 일한다. 간호사는 사람을 대하는 일이므로 행위의 시작은 사람을 이해하는 데서 출발해야 한다. 따라서 간호사 직무교육에는 인문학적인 접근이 필요하다. 책에서 뽑은 문장을 활용해 교육을 진행했다. 머리에 떠오르는 생각이 마땅치 않을 때는 책을 펼친다. 사무실 책상 위에는 병원 독서토론회 때 읽었던 책과 독서 모임 추천 도서를 여러 권 두었다. 수시로 본다. '어떤 주제로 워크숍을 진행할까?' 고민이었다. 이은대 작가의『작가의 인생 공부』를 꺼냈다. 한 번 읽었던 책이라 목차만 눈으로 쓱 읽어갔다. 오늘따라 '인생, 생략하지 마라'라는 문장이 눈에 띈다. 근무를 마치고 참여하는 간호사들이라 피곤하고 지쳐 있을 것 같았다. 힘이 되어줄 문장을 찾고 있었다. "인생에서 일인칭 주어는 삶의 통수권자다. '나'라는 일인칭 주어를 생략하지 말라"라고 저자는 말한다. 간호사는 근무하는 동안 '나'라는 존재를 잊을 때가 많다. 환자를 중심으로 다른 직군과 협업하고 빠르게 일을 처리하기 위해서다. 물 한 모금 먹을 시간, 화장실 갈 시간을 아끼며 하루를 살아낸다. 오늘 하루 나를 밀쳐놓지 않았을까 위로가 되어주고 싶었다.

글쓰기 수업 중에서 도입부와 미니 특강이 감명 깊었다. 시작할 때는 강의를 듣고 싶도록 호기심을 자극한다. 마무리할 때는 미니 특강을 통해 배운 내용을 행동으로 옮기도록 여운을 준다. 교육에 적용하고 싶었다. 교육을 진행하든 강의를 하든 책에서 뽑은 문장을 끼워 넣는다. 말에 힘이 실리고, 집중해서 들을 수 있도록 하는 점이 좋다. 업무에 도움이 되겠다는 생각으로 버릇처럼 책을 든다. 오늘처럼 귀한 문장을 만나면 반갑고 어깨가 들썩인다.

둘째, 이야깃거리로 만든다.

책 얘기만 나오면 신이 났다. 홍성화 원장님 강의에는 책 이야기가 자주 나온다. 아는 책이면 심장이 두근거렸다. 분명 읽었던 책인데 생각이 잘 나지 않을 때는 자리로 돌아와 해당 페이지를 찾는다. 사진을 찍어 간호본부 사무실 단톡에 공유한다. 어느 날 강의 중에 '탄소 같은 사람'이라는 내용이 나왔다. '산소 같은 사람'을 잘못 말했나 싶었다. 알고 보니, 스티븐 존스가 쓴 『탁월한 아이디어는 어디서 오는가』에 나오는 말이었다. 바로 주문했다. 이틀 만에 도착했다. 강의 중에 언급한 내용이 나오는 페이지를 찾았다. 기뻤다. 새벽까지 피곤한 줄도 모르고 읽었다. 다음 날 신바람이 나서 출근했다. 책 내용을 빨리 얘기하고 싶어서다. 아침 인사를 나누며 책 내용으로 수다를 떤다. 공유하고 나면 뿌듯하다.

일찍 출근하여 10분 이상 책을 읽는다. 업무 시작 전 아침 독서는 맑은 정신을 갖게 하고 흩어진 마음을 모으는 데 좋다. 아이디어가 떠오를 때도 많고, 하루를 생동감 있게 시작할 수도 있다. 좋은 문장을 찾은 날에는 동료들과 이야기를 나누고 싶다. "아침에 책을 읽었는데 이 내용이 참 좋았어"라며 책을 펼쳐 보인다. 집중해서 듣는다. 민휘 선생님 컴퓨터 모니터 앞에는 내가 말한 문장이 붙어 있다. 미순 선생님은 유치원에 다니는 딸이 있어 육아서에 관심이 많다. 한비 선생님은 책을 좋아하는 친구 얘기를 자주 들려준다. 동기부여를 하고 이야깃거리를 만들어가는 데 책만 한 것은 없다.

셋째, 시작을 두려워하지 않는다.

책에서 다양한 주인공을 만난다. 새로운 일을 두려워하지 않고 도전하며, 실패와 성공을 거듭하면서 성장하는 모습을 본다. 이전에는 남들만 할 수 있는 특별한 일로 치부했다. 이제 관심사가 많아졌다. 하고 싶은 일이 생기면 할 수 있을까 주저하지 않고 시작부터 한다. 어느 날 신규 간호사 직무교육에 박경애 선생님을 강사로 초대했다. 편하게 교육하라며 자리를 비켜주었는데, 시를 낭송하는 소리가 들렸다. 뭐지? 궁금했다. 강의실 문을 살짝 열었다. 정현종 시인의 「방문객」을 낭송하며 몰입하는 장면이 보였다. 교육의 틀을 깨는, 기분 좋은 충격이었다. 나도 하고 싶었다. 시 낭송을 어디서 배웠느냐, 어떻게 하면 되느냐 물었다. 그때 일을 계기로 시 낭송에 입문했다. 프리셉터 간호사 워크숍 때는 「방문객」을 낭송해주고 교육 내용과 관련지어 강의했다. "사람이 온다는 건 실은 어마어마한 일입니다. 한 사람의 일생이 오는 거죠." 신규 간호사에게 존중과 배려로 교육해주기를 당부했다. 관심사를 찾고, 하고 싶은 일을 결단하는데도 책만 한 게 없다.

독서는 변화와 성장을 이루는 데 지렛대 역할을 한다. 책을 읽지 않았을 때는 변화를 꿈꾸지 않았다. 있는 그대로 살아가려고 했다. 불편함도 몰랐고, 더 나은 삶을 갈구하지도 않았다. 책을 한 권, 두 권 읽고 책과 친해질수록 삶의 목표가 분명해졌다. 알고 싶다는 호기심이 발동했다. 새로운 도전이 두렵지 않았다. 실패와 성공에는 모두 성장이 있다는 것을 알았기 때문이다. 변화와 성장이 필요한 이유를 찾지 못한다면, 현재의 익숙함에 젖어 새로운 일을 시도하지 않을 것이다. 하지만 올바른 지렛대가 되어줄 강력하고 충분한 이유를 찾는다면, 아무리 어려운 일이라도 도전하게 된다. 독서는 지렛대였다. 책을 읽고 업무에 적용했고 삶은 달라졌다. 인스타그램에 새로운 책이 소개되거나 책 추천을 받으면 바로 주문부터 한다. 퇴근해서 현관문 앞에 놓인 책을 보면 하루의 힘듦이 사라진다. 나의 택배 1호, 지출 1호는 책이다. 지렛대를 계속 늘려가는 중이다.

숨 쉬듯 꿈꾸고 밥 먹듯 실천하라

— 정은정

항상 꿈을 꾼다. 가끔은 웃겨서 뒤로 나자빠질 꿈도 꾼다. 이를테면 로또 1등에 당첨되는 꿈과 같은 것 말이다. 1등에 당첨되면 대출을 갚아야지. 인심 쓰듯 동생과 시누이에게 몇 억씩 툭툭 던져주면 어떨까? 건물을 사는 것도 좋겠네! 생활비는 월세 받아 충당하고 직장은 취미로 다니며 월급은 용돈으로 쓰는 거야. 이런 꿈을 꾸니 우스울 수밖에. 수없이 많은 꿈을 꾸지만, 공상가는 아니다. 비현실적인 꿈은 웃음으로 끝내지만, 현실적인 꿈에는 진심으로 노력한다. 이것이 성장의 비결이다.

어려운 가정 형편에서 자랐다. 없는 집 자식이었던 아버지는 젊은 나이에 교통사고로 장애 판정을 받았다. 보상금으로 차린 가게는 IMF라는 직격탄을 맞아 문을 닫았다. 덕분에 학비를 면제받고 교사용으로 나온 비매품 문제집을 얻어 공부했다. 매일 꿈을 꿨다. 대학병원 간호사가 된 나. 월급을 받으면 집으로 보내야지. 부모님의 기뻐하는 얼굴을 떠올렸다.

꿈을 이루기 위해 공부했다. 외울 것은 수첩에 정리해 들고 다녔다. 이해되지 않는 부분은 책이 찢어질 정도로 줄을 그으며 보았다. 수시로 코피가 터졌다. 도서관 불은 내가 껐다. 그렇게 대학병원 간호사가 되었다. 월급은 부모님께 보냈다. 매월 조금씩 대출을 갚았다. 행복했다.

10년 동안 중환자실에서 삼교대 근무를 했다. 결혼하고 아이도 낳았다. 일과 육아를 병행하는 것은 참으로 힘들었다. 양가 어른들의 도움도 받을 수 없었다. 오롯이 우리 부부의 몫이었다. 회식 장소에 아이를 데려갔다. 주말에 출근해야 할 때는 어린이집 선생님께 아이를 맡겼다. 얼굴에 철판을 깔았다. 둘째를 가졌다. 더는 이렇게 살 수 없다. 사직서를 냈다. 그리고 전문성을 살리면서 규칙적인 생활이 가능한 직업을 찾았다. 꿈을 꾸었다. 보건교사가 되어 아이들의 상처를 돌봐주는 나. 그렇게 다시 공부를 시작했다.

일주일에 세 번씩 수원에서 노량진을 오갔다. 버스, 지하철, 기차를 타고 편도 2시간 거리 학원에 다녔다. 아이가 어린이집에 있거나 잠이 들었을 때만 책상 앞에 앉을 수 있었다. 아이를 돌보거나 집안일 할 때는 강의를 녹음해서 음악처럼 틀어두고 암기 카드를 만들어 중얼거리며 외웠다. 합격 수기 발표하는 상상을 했다. 책과 공책 앞면에는 '합격'이라고 크게 적어두었다. 그렇게 보건교사가 되었다.

한동안 행복했다. 환자가 사망하는 일이 다반사였던 병원과 달리 학교는 더없이 싱그러웠다. 목청이 떠나가라 "보건샘"을 외치며 손을 흔드는 아이들이 사랑스러웠다. 3년 차가 되었다. 익숙해진 일상에 지루함이 묻었다. 다시 꿈을 꾸었다. 교육부장관 표창을 받는 꿈. 교사가 된 지 10년도 안 된 내가 상을 받으려면 혁혁한 공을 세우거나 대회에 나가 상을 받아야 했다. 나는 교육부 학생 건강증진 대회에 나가기로 했다. 아이들의 건강을 유지하고 증진하기 위한 프로그램을 개발해 운영했다. 활동한 내용을 보고서로 만들어 제출했다. 지역 교육청 예선을 통과하고 교육부 대회 본선에 진출했다. 발표 자료를 만들었다. 떨렸다. 샤워할 때도, 설거지할 때도 발표하는 상상을 했다. 연단에 오르면 인사는 이렇게 해야지. 손짓은 저렇게 해야지. 사투리는 덜 쓰도록 하고 말은 조금 천천히 해야지. 그렇게 대회를 치르고 교육부장관 표창을 받았다.

덴마크와 노르웨이로 연수도 다녀왔다. 국회에서 진행한, 청소년을 위한 금연 정책 토론회에도 참석했다. 여러 시도교육청에 강사로 초빙되었고 전국 보건직 공무원을 대상으로 강의도 했다. 제주도에서는 30여 명의 교사가 강의를 듣기 위해 우리 학교로 왔다. 이 모든 것은 꿈꾸고 이룬 모습을 상상하며 실천하는 습관에서 시작되었다.

지금도 다양한 꿈을 꾼다. 먼저 건강한 나를 꿈꾼다. 거북목 때문에 목과 승모근의 통증이 심했다. 곰 한 마리가 어깨에 올라가 있는 듯 무거웠다. 고개를 좌우로 돌리거나 팔을 위로 올리는 게 힘들 때도 많았다. 임용고시를 준비하면서 편두통도 생겼다. 한번 생긴 편두통은 나아지지 않았다. 언제든 약을 먹을 수 있게 집과 학교, 그리고 가방에 약을 준비해둔다. 저녁에는 다리가 퉁퉁 부었다. 더운 여름에도 압박스타킹을 신고 다녔다. 매일 밤 종아리에 마사지기를 두르고 잠을 청한다. 아픈 이를 보살피는 사람이면서 정작 나는 종합병원이 따로 없을 정도로 아프다.

더 이상 아프고 싶지 않다. 그래서 운동을 시작했다. 하루에 만 보를 걷고 인증하는 모임을 만들었다. 다른 사람은 만 보를 목표로 하지만 나는 육천 보를 목표로 한다. 운동을 싫어하고 체력도 약해 육천 보마저도 버겁지만, 언젠가는 만 보도 거뜬히 채우겠지. 바른 자세를 위해 스트레칭도 시작했다. 이렇게 운동하는 습관을 들이니 편두통으로 약 먹는 횟수가 줄었다.

읽고 쓰는 삶을 꿈꾼다. 그래서 자이언트에 입성했다. 자이언트는 다른 글쓰기 강좌와는 다르다. 삶을 다루는 방식을 알려준다. 스스로 깨닫게 만든다. 각자 자신의 속도에 맞게 글을 쓰되, 강요하지 않는다. 희망을 보여줄 뿐이다. 함께 읽고 함께 쓴다. 그렇게 한 걸음씩 작가가 되어간다.

꿈을 이루기 위해 새벽 기상도 시작했다. 사십 평생 올빼미족을 자처했던 내가 새벽에 일어나겠다고 하니 남편도 놀란다. 미라클모닝이 전 세계를 휩쓸 때도 남의 일인 양 눈도 깜짝하지 않던 나였다. 하지만 꿈을 이루기 위해서는 바꿔야 했다. 책을 읽고 생각하고 글을 쓸 온전한 나만의 시간이 필요했다. 새벽 5시에 알람을 맞췄다. 5시 5분, 10분, 15분. 5분 간격으로 맞춰둔 알람이 남편을 깨웠다. 남편은 나를 깨웠다. 그렇게 새벽에 일어나기 시작했다. 비몽사몽 책상에 앉는다. 어느 날은 6시까지 책을 읽다가 잠이 들었고 어느 날은 7시까지 알람만 끄다가 늦잠을 잤다. 그래도 여전히 5시 기상을 목표로 알람을 맞춘다.

꿈을 꾼다는 것은 좋은 습관이다. 목과 허리의 선열이 바르고 꼿꼿한 자세를 가진 나. 만 보쯤은 거뜬히 걷고 달리기에 도전하는 나. 근육통이나 편두통에 시달리지 않고 약 없이도 웃고 떠들며 즐겁게 하루를 보내는 나. 고요한 새벽 시간을 독서와 글쓰기로 채우는 나. 어떤 모습으로 살고 싶은지 꿈꾸었다면 실천하라. 10분 스트레칭, 만 보 걷기, 5시 기상, 한 장씩 책 읽기, 블로그 글쓰기. 꿈꾸고 실천하는 습관은 성장하는 삶의 출발점이다. 숨 쉬듯 꿈꾸고 밥 먹듯 실천하라. 꿈의 끝자락에 멋들어진 내가 서 있을 테니.

삶의 보물 저장소, 쓰는 습관

— 조보라

4학년 겨울방학, 급하다 급해. 40개의 일기를 언제 다 쓰나. 개학 이틀 전이다. 숙제해야 한다는 일념으로 책상에 앉는다. 머리를 부여잡고 쥐어짜본다. 어제 일도 생각나지 않는데, 어떻게 지난 방학 기간의 일을 다 쓰겠는가. 무엇을 했는지 기억나지 않았다. 결국, '무엇을 먹었다. 맛있었다. 어디를 갔다. 재밌었다' 등의 레퍼토리로 밀린 일기를 채우기 시작했다. 엄마가 해준 음식들을 떠올려보니 떡볶이, 제육볶음, 닭볶음탕, 콩국수, 팬케이크까지. 간신히 5개 일기를 썼다. 무엇을 먹었는지 기록하려고 해도 더 이상 생각나지 않았다. 이제는 '학원에 갔다, 교회에 갔다, 동생과 놀았다'로 몇 가지 레퍼토리를 더 추가해본다. 어느새 일기는 창작물이 되어가고 있었다. 매일 일기 쓰는 것의 중요성을 실감했다. 절대로 밀리지 않겠다고,

인생은 습관이 전부다

다음 방학부터는 매일 일기를 쓰겠다고 다짐했다.

1994년 4월 25일, 포천에서 서울로 전학을 왔다. 6학년 때였다. 새로운 학교에서 만난 담임 선생님은 매일 일기 쓰는 숙제를 내주었다. 방학 일기 쓰기 과제도 간신히 했었는데, 이제는 매일 써야 했다. 선생님은 아침마다 일기장을 선생님 책상 위에 올려놓게 하셨고 확인 후 돌려주셨다. 처음에는 마지못해 쓰는 일기였는데 시간이 지날수록 재밌어졌다. 선생님과 비밀 편지를 주고받는 느낌. 내가 쓴 일기에 선생님이 어떤 글을 남기실까. 기대하는 마음으로 일기를 써 내려가기 시작했다.

얼마 전 짐을 정리하다가 6학년 때 일기장을 발견했다. 파일 함에 6학년 일기장이 고스란히 담겨 있었다. 여덟 권의 노트였다. 30년이 다 된 일기장을 발견하니 보물을 발견한 것처럼 기뻤다. 한 장 한 장 일기를 읽으니 추억이 새록새록 되살아났다.

기억조차 나지 않던 일들이 일기장에는 남아 있었다. 일기장에는 좋아했던 남자 이야기부터 싫어하는 친구 이야기까지, 친구와 싸우고 힘들었던 일도 적혀 있었다. 일기 한 장마다 기쁨, 즐거움, 신남, 슬픔, 미움, 질투, 억울함, 서운함 등 다채로운 감정들이 담겨 있었다. 일기 끝에 선생님의 코멘트를 발견했다. 선생님의 마음이 다시 살아나 내 마음에 다가왔다. 6학년을 마치는 날까지 성실하게 매일 일기를 썼다. 전학생으로 서울 생활에 적응하는 데 일기 쓰기가 큰 도움이 되었다. 사춘기가 시작되어 마음에 여러 고민과 생각들이 많아지는 시기였다. 일기를 쓰며 그 마음을 조금씩 풀어낼 수 있었다.

7월 24일, 일기 제목 '이야기꽃'의 일부다.

'오늘은 우미, 안나와 이런저런 이야기를 했다. 바닷가에 놀러 갔을 때 이야기도 하고, 자신만의 추억을 돌아가면서 말했다. 아까 이야기했던 건 많았는데, 막상 일기를 적으려니 기억나지 않는다. 기억력이 무척 안 좋다. 지난번에 다섯 알 공기하다 죽었을 때에도, 몇 알 하다가 죽었는지 까먹었다.'

열세 살이었던 내가 기록한 일기. 지금 보니 제목과 일기 내용이 잘 연결되지도 않는다. 친구들과 이야기 나눈 것으로 시작했으나, 일기의 끝은 좋지 않은 내 기억력 걱정으로 마무리되었다. 엉성하기 그지없는 일기장이었지만 그날의 기록 덕분에 친한 친구와 이야기꽃을 피웠던 날이라는 걸 알게 된다. 어린 나이에도 기억력을 걱정했구나 하며 웃음이 나온다.

어린 시절 매일 쓰는 습관을 지닐 수 있도록 연습시켜준 6학년 담임 선생님께 감사한 마음이 든다. 선생님은 지금 어디에 계실까. 30년이 다 되었으니, 할머니가 되셨으려나. 선생님 덕분에 끈기와 지속하는 힘을 키울 수 있었다고, 꾸준히 글 쓰는 습관을 들일 수 있었다고 감사의 마음을 전하고 싶다.

첫아이 임신 때부터 태교 일기를 시작했다. 병원에 가서 처음 초음파 검사를 하고 아이의 심장 소리를 들었던 날의 감격을 잊을 수 없다. 초음파 기계 밖으로 뿜어져 나오는 '쿵쿵쿵' 심장 소리. 손톱 크기도 되지 않는 아이가 내 뱃속에 살고 있다는 사실이 감격스러웠다.

인생은 습관이 전부다

간절히 기다렸던 첫아이. 아이의 초음파 사진도 하나씩 정성스럽게 모았다. 지금까지 아이들 사진과 일기를 묶은 책이 열아홉 권이다. 아이들의 소중한 순간을 사진과 글로 남기고 있다. 정신없이 지나가는 하루를 기록으로 남겨두니 소중한 일기장이 된다.

그때 무슨 일이 있었더라. 머리로 떠올려보면 전혀 기억나지 않는다. 책을 펴 궁금한 날짜를 열어보면 그날의 아이들 모습이 남아 있다. 지금 옆에 있는 아이와 사진 속 아이를 번갈아 보며 언제 이렇게 많이 컸나 미소 짓게 된다.

책을 읽다가 좋은 글귀나 문구를 발견하면 사진을 찍어두거나 캡처해둔다. 내 휴대폰 갤러리 중에는 좋은 글, 명언 등을 모아두는 폴더가 있다. 길을 걷다가 생각이 떠오르면 바로 휴대폰에 있는 메모장을 열어 적는다. 번뜩이는 생각들을 잘 잡아두어야 한다. 적지 않는 순간 그 생각은 연기처럼 사라진다. 떠올랐을 때 바로 기록하는 것이 중요하다. 글로 붙잡아두어야 한다. 문장이 아니라 단어라도 기록한다. 끼적이며 메모하고, 기록으로 남겨두는 습관은 글 쓰는 데 여러모로 도움이 된다.

쓰는 습관은 삶의 보물 저장소를 만드는 힘이다. 보물 저장소를 가지고 있다는 것은 얼마나 큰 축복인가? 필요할 때마다 꺼내 볼 수 있으니 말이다. 기록하지 않았다면 어렴풋이 남아 있거나 사라져버렸을 추억들이다.

지금은 블로그에 일상의 깨달음을 기록으로 남긴다. 내가 읽고 느끼고 본 것, 경험한 것을 남기고 있다. 불과 한 달 전에도 무슨 일이 있었는지 기억나지 않는 경우가 많지 않은가? 블로그를 보면 그날 이런 일이 있었구나, 그런 생각을 했구나 떠올리게 된다. 블로그는 내가 보고, 듣고, 느낀 점들을 담아두는 보물 저장소다.

글을 쓰는 습관 덕분에 인생이 달라졌다. 글을 쓰다 보니 일상이 새롭게 보인다. 길을 가다가 멈추어 꽃과 풀에 인사하기도 하고, 하늘을 쳐다보기도 한다. 똑같이 걷던 길이 다르게 보이고 빛깔도 다르게 느껴진다. 일상을 새롭게 느끼게 되니 기쁨도 덩달아 따라온다.

매일 꾸준히 글을 쓰다 보니 글 쓰는 재미를 느끼게 된다. 글 쓰는 실력도 아주 조금씩 좋아지지 않을까. 사라지는 일상을 글로 남기게 되면 먼 훗날, 기록된 글이 자신에게 선물로 다가올 것이다. 내가 6학년 때 쓴 일기장을 발견하고 한 장 한 장 읽을 때 설레었던 것처럼 말이다. 혹시 자신에게는 6학년 때 쓴 일기장이 없다고 아쉬워하고 있는가? 지금도 늦지 않았다. 지금부터 쓰면 된다. 지금 쓰는 글이 10년, 20년 후에 어떤 선물이 될까?

글쓰기는 내 인생에서 뺄 수 없는 습관이 되었다. 이 습관 덕분에 나는 인생의 보물을 차곡차곡 쌓아가고 있다. 보물을 쌓아가는 과정이 산을 올라가는 과정과 꽤 닮았다. 숨이 차고 헉헉 거리더라도 올라가야 한다. 포기하고 싶은 순간을 넘어가서 목적지에 도달했을 때, 아래를 내려보면 마음이 뚫리고 시원해진다.

산을 올라가다 보면 길에 크고 작은 보물들이 놓여 있다. 매우 작고 소중하여 잘 보지 못하고 지나쳤던 작은 돌부터, 나를 걸려 넘어

　　　　　　　　　　　　인생은 습관이 전부다

지게 하는 돌부리까지. 지나고 나서야 내 삶에 없어서는 안 될 돌덩이라는 것을 깨닫게 된다. 그 돌을 발견하고 글로 담아내면 보물이 된다. 우리는 어떤 보물들을 발견하면서 살아가게 될까.

삶을 담아내는 글쓰기, 하지 않을 이유가 있을까. 쓰는 삶으로 초대한다.

모든 순간이 꽃으로

— 홍지연

캘리그라피 액자를 팔아봤다. 마음에 드는 액자 구하기가 어려웠다. 인터넷을 뒤지고 뒤져봐도 디자인이 마음에 들면 가격이 마음에 안 들었다. 가까운 지인에게만 판매해보고 그쳤다. 액자와 함께 재고들이 쌓였다. 예상치 못했던 포장 부분도 꽤 정성이 들어감을 알게 됐다. 와디즈 펀딩에서 1위를 했다는 스마트 스토어 강의를 접하게 됐다. 20개 정도는 위탁 판매로 올려보고 그 후 감이 잡히면 그다음에 올리고 싶은 물건을 올리라고 했다. 그래, 다시 시작해보자하며 겨우 마음에 드는 물건을 정해 올렸는데 얼마 뒤 안내문이 우편으로 왔다. 친환경 제품 명시를 제대로 해야 한다는 내용이었다. 제대로 팔아보지도 못했는데 어찌 알고 안내장이 온 건지 신기했다. 공급해주는 도매업체에 돈을 입금해야 발송된다는 것도 뒤늦게 알았다. 전자책을 꼼꼼히 봤다고 생각했는데 실전에선 예상하지 못한 변수들이 있었다. 대신 판매해준다는 위탁 판매를 하려니 직접 눈으로 보고 써봐야 직성이 풀리는 성향이었다는 걸 알게 됐다.

직장과 직업은 상황에 따라 자주 바뀌었다. 덕분에 새로운 일을 하는 건 어렵지 않다. 하나를 정해서 꾸준히 하는 게 어려울 뿐이다. 배움에는 끝이 없다는 걸 알게 됐다. 어떨 땐 비교가 필요하고 어떨 땐 피해야 하는지도 알게 됐다. 이것만 하면 끝나겠지 싶었는데 하면 할수록 더 많은 것들이 보이게 된다. 여전히 경험 중이지만 이 또한 밑거름이 될 거라 생각한다.

"잘 먹고살고 있어?"

아빠에게서 전화가 왔다.

"네, 잘 챙겨 먹고살고 있습니다. 하하하하."

"신발장 앞에 도마도랑 가지, 복숭아 까만 봉다리에 있으니까 가져가."

나를 생각해주는 아빠가 있어 힘이 난다.

파도처럼 힘들었던 시기는 지나간 듯하다. 또 크고 작은 파도들이 치겠지만 잘 버티며 살아갈 수 있을 거다. 안 좋았던 시기와 사건들을 넘어 지금 이렇게 책 쓰기 프로젝트에도 참여하고 있고, 나름 잘 살고 있는 느낌이다. 7년 전 캘리그라피를 진지하게 시작해보고 싶었을 땐 잘하는 사람들 작품을 보고 지레 겁을 먹었다. 상황이 여의치 않아 마음에만 담아두고 접어두었다. 아쉬움은 시간이 지나니 간절함으로 바뀌었다. 운 좋게 쉽고 재미있게 캘리그라피를 알려주시는 은주 선생님을 알게 된 덕분에 용기를 얻었다. 함께 공부하는 캘리그라피 동아리 친구들 덕분에 계속하는 힘도 생겼다.

초등학생 시절, 6학년 담임 선생님을 좋아했다. 6학년을 보내는 내내 쉬는 시간 틈틈이 숨은그림찾기 같은 걸 하고 질문지를 주셨다. 모인 글과 사진을 묶어 학급문집으로 만들어주신 걸 중학교 시절 참 많이도 펼쳐 봤다. 그러면서 자연스럽게 5학년 때 담임 선생님이 떠올랐다. 단체로 벌을 참 많이 섰던 기억이 났다. 2022년 자이언트 북 컨설팅에서 백란현 작가의 『조금 다른 인생을 위한 프로젝트』 저자 특강을 듣게 됐다. 5학년의 학년부장이라는 소개와 함께 어떻게 학급 운영을 하는지 보여줬다. 저분이 내 5학년 때 담임 선생님이면 좋았겠다며 댓글을 남겼다. 많은 사건과 인연이 얽히고설키어 함께 글을 쓰고 있다. 글쓰기는 친하지 않지만 친하게 지내고 싶은 친구다. 똑 부러지게 확실하게 정해진 건 없지만 언젠가 지금 순간들이 '인생에서 가장 아름답고 행복한 순간'이었다고, '화양연화(花樣年華)'였다고 말할 수 있을 것 같다.

글쓰기 커뮤니티에는 수업 외에도 출간 소식과 특강 소식이 자주 올라온다. 성장하기 위해 노력한 이야기를 듣고 나면 동기부여가 된다. 글을 통해 글씨에 마음이 더 들어간다. 캘리그라피를 하는 데에도 도움이 된다. 좋아하는 작가님들을 통해 그분들의 이야기와 추천하는 책과 글귀를 얻어 가는 건 보너스다. 아주 작은 행동은 실패가 없다. 강의를 듣고 아침에 조금 일찍 일어나는 것. 그렇게 나와 타협하는 일의 반복이 나를 만들어가고 있다.

작은 습관은 실행의 크기가 작아서 시작하는 문턱이 낮다. 쉽게 실행의 성공을 맛보게 한다. 습관처럼 밖으로 나왔다. 엉덩이에 땀은 차지만 글은 차오르지 않아 동네 카페에 가봤다. 처음 와본 카페 자리에 앉아보니 테이블 앞에 붙여진 글귀와 사진들이 눈에 들어온다. 휴대폰을 열어 주변을 사진으로 담았다.

「네가 꿈꾸는 것은」이라는 제목의 시가 눈에 들어왔다. 뭐지? 내 감성으로는 단번에 이해가 되지 않았다. 그래도 여러 번 읽으며 시를 음미해본다.

　　　　네가 꿈꾸는 것은
　　　　아무 일도 일어나지 않는 삶
　　　　바람은 달려가고
　　　　연인들은 헤어지고
　　　　빌딩은 자라난다
　　　　송아지는 태어나고
　　　　늙은 개는 숨을 거두고
　　　　아무 일도 일어나지 않았다
　　　　찻잔에 물이 잔잔하고
　　　　네 앞에 시 한 편이 완성되어 있을 때

시선을 멈추게 한 시 한 편. 캘리그라피 시간에 배운 사자성어가 생각나는 순간이었다.

'지금도 화양연화네.'

온라인 세상에 발을 들여놓았을 땐 참 막막했다. 유튜브 세상 속 방대한 영상들은 나에겐 너무 큰 바다처럼 느껴졌다. 다 좋아 보이고 대단해 보이기만 했다. 초보에겐 그 바다가 너무 크게만 보였다. 그나마 온라인 자기 계발 모임을 알게 되면서 나 혼자만 이렇게 힘든 게 아니구나 안심하며 물어물어 배워갔다. 멈추지 않고 계속 가기 위해선 독서는 필수고 마인드 컨트롤도 필요함을 알게 됐다. 그땐 참 조급했구나. 이 또한 지나면 인생에서 가장 아름답고 행복한 순간이었다고 말하겠지? 급한 물에 떠내려가다 닿은 곳에 싹 틔우는 땅버들 씨앗처럼, 온라인 속 지금 발 담그고 있는 곳이 내가 싹 틔울 공간이 되어주고 있다. 내가 있는 곳을 아름답고 행복한 순간으로 기억되게 기록하는 것이 나를 성장하게 만드는 습관이라는 생각이 든다. 지나고 나면 추억이 되듯이, 좋게 포장해서 아련하게 기억해야겠다.

인생은 습관이 전부다

3장

좋은 습관 만드는 방법

아프고 나서야 알았다

― 김윤정

　스물다섯, 파릇파릇한 나이에 나는 결핵에 걸렸다. 처음에는 단순 감기인 줄로만 알았다. 마른기침과 함께 왼쪽 가슴부터 서서히 아팠다. 심장 초음파상에는 아무 이상이 없었다. 엑스레이 사진을 찍고 나서야 활동성 결핵이라는 진단이 내려졌다. 위생, 청결이라면 자신 있었다. 내가 왜 이런 병에 걸려야 하는지 화가 났다. 객담 검사에 결핵균이 있다는 결과지를 보고 나서 인정할 수밖에 없었다.

　생수에 비릿한 냄새가 났다. 내가 좋아하는 대게와 전복, 해삼, 회가 눈앞에 있어도 먹고 싶다는 생각이 나지 않았다. 계단을 오르기가 힘들고, 머리카락도 빠졌다. 그래도 여기까지는 참을 수 있었다. 기침과 호흡곤란으로 밤에 잠을 잘 수가 없었다. 누우면 숨이 차올랐다. 벽에 기댄 채 앉아서 잠을 청했다. 열 알이나 되는 두꺼운 약을 작은 목구멍으로 삼켰다. 그러나 약 먹는 것을 절대 빠뜨리지는 않았다. 음식물도 조금씩 섭취했다. 먹고 난 후 토했지만 그래도 먹었다.

일 년 후, 드디어 완치 판정을 받았다. 폐는 완전히 회복되지 않았다. 숨이 차서 노래 한 곡을 끝까지 부르지 못했다. 1층에서 2층으로 계단을 오르기 위해서는 서너 번 멈춰 서서 숨을 골라야 했다. 쪼그라든 풍선에 바람을 불어 넣으면 팽팽해지듯 내 폐도 그래주길 바랐다. 처음에는 집 앞 하천변에 있는 데크 길을 매일 걸었다. 아프기 전에는 흔한 이 공기가 얼마나 소중한 것인지 몰랐다.

지금은 노래방에서 마이크를 손에 내려놓지 않는다. 해발 700m나 되는 화왕산까지도 올라갈 수 있다. 언젠가 백두산 정상에서 사진 찍을 날을 기다리며, 한 달에 한 번 산을 오른다.

엄마는 내가 결핵에 걸렸었다는 것을 절대 말하지 말라고 했다. 전염병에 걸렸었다고 하면 사람들이 거리를 두어 직장 생활에 영향을 미친다는 이유다. 사실 지금도 대한민국은 OECD 국가 중 결핵 발병률이 세계 1위, 사망률은 3위다. 1950~1960년대는 남아선호사상이 강했던 시절이다. 여자가 결핵에 걸리면 몹쓸 병에 걸렸다 해서 거들떠보지도 않았다. 1950년대 대표적인 대중가요 '산장의 여인'은 바로 이런 내용을 담고 있다. 경남 마산에 있는 요양소(現 국립마산병원)에 한 여인이 있었다. 그녀는 결핵에 걸려 남자에게 버림받고 쓸쓸히 이곳에서 여생을 보냈다. 슬픈 이야기지만 아름다운 가사 위에 멜로디를 입혔다. 엄마의 마음을 모르는 것은 아니다. 하지만 지금 사람들 의식은 그때와 확연하게 다르다.

간호사로 다시 근무하게 되면서 결핵 환자들을 흔하게 볼 수 있었다. 숨쉬기가 힘들어 산소 호흡기를 대고 앉아 있는 모습에 예전의 내가 겹쳐졌다. 지금은 간호사지만 과거에는 환자였다. 그들이 겪는 고통을 누구보다 이해한다. 먼저 다가가 내가 아팠던 경험들을 이야기했다. 그들은 고개를 끄덕였다. 토해도 먹어야 한다며 손을 꼭 잡아주기도 했다. 환자들은 나에게 찾아와 궁금한 것을 물었다. 숨기고 가려야 한다고 엄마는 이야기했지만, 드러냈더니 많은 사람들이 나에게 찾아왔고 공감했다.

짧다면 짧고 길다면 길었던 그 시간을 보내는 동안 확실히 마음가짐이 달라졌다. 아프고 고된 만큼 견디고 버틸 수 있는 힘도 반드시 주어진다는 믿음이 생겼다. 그리고 결과적으로 이 힘은 소중한 습관을 만든 계기가 되었다.

첫 번째, 간절히 바라는 마음은 목표를 세우고 행동을 만들어낸다. 불행은 누구에게나 찾아온다. 두려워하지 않고 이겨낼 힘을 기르면 된다. 나는 단지 한 시간이라도 잠을 제대로 자고 싶었다. 노래방에서 노래 한 곡을 끝까지 부르고 싶었고, 아파트 계단을 단번에 올라가고 싶은 마음이 절실했다. 쉬운 걷기부터 시작하여 한 달에 한 번 높은 산으로 오르는 행동을 만들어냈다. 두려워하지 않고 이겨내는 힘, 바로 간절함에서 시작된다. 절실한 마음은 행동을 만드는 원동력이 된다.

두 번째, 인내와 끈기가 필요하다. 결핵이라는 질병을 통해서 꾸

인생은 습관이 전부다

준히 하는 것이 얼마나 중요한지 알았다. 포기하지 않았기에 어려움을 극복할 수 있는 능력을 기를 수 있었다. 그리고 이것은 어떤 일을 새롭게 시작할 때 자신감으로 이어졌다. 2022년 11월부터 온라인에서 글 쓰는 방법을 배우고 있다. 블로그, 일기, 독서 노트를 번갈아 쓰며 매일 손을 부지런히 움직인다. 쓰고 싶지 않은 날도 있고, 책을 읽고 싶지 않은 날도 있다. 하지만 과거의 경험을 통해 꾸준히 하면 나아진다는 것을 알았기에 책상에 앉는다. 메모를 하고 키보드를 두드린다. 글 쓰는 방법을 배운 지 1년도 채 되지 않아 지금 공저 작업에 참여하고 있다. 쉽게 단념하지 않고, 끈질기게 이어나가는 행동을 하면 원하는 것을 이룰 수 있음을 또다시 경험하는 중이다.

셋째, 솔직하게 드러낸다. 엄마는 결핵에 걸렸었다는 사실을 숨기라 했지만 나는 아팠던 경험을 스스럼없이 드러냈다. 그랬더니 나와 같은 아픔을 겪고 있는 사람들에게 공감과 위로를 줄 수 있었다. 홍칼리 작가는 30대 젊은 무당이다. 그녀가 무당이라는 것을 공개적으로 밝힌다는 게 쉽지는 않았을 것이다. 그녀의 책 『신령님이 보고 계셔』에는 '꿰뚫는 게 아니라 당신도 잘 모르는 당신의 사연을 만나고 싶어서 무당이 되고 싶다'라고 적혀 있다. 온라인과 오프라인에서 활발하게 활동한다. 신뢰를 얻기 위해서는 솔직하게 드러내야 한다. 그리고 이는 자기의 상처와 아픔도 끄집어낼 수 있는 용기를 길러준다. 반복적으로 실천함으로써 사람들에게 진정으로 다가간다.

몸이 아팠던 경험은 인생에 있어서 중요한 가치관을 형성해준 시간이었고, 의미 있는 삶을 살아갈 수 있도록 만들어주었다. 세상에 쓸데없는 경험이 없다고 하는 이유가 바로 여기에 있다. 힘든 상황에서도 버티고 견딜 수 있는 것, 바로 그 힘이 나에게 좋은 습관을 가져다주었다. 간절히 바라고 꾸준히 반복하며 솔직하게 드러낸다. 아프고 나서야 알았다.

기꺼이 해내고 싶은 마음

― 김효진

집, 학교, 회사에서 시키는 일만 했다. 그저 살아지는 대로 살아왔다. 그렇게 흘러온 삶의 행동이 나의 습관이 되었다. 그런데 결혼을 하고 나서는 누구도 나에게 이래라저래라 간섭하지 않았다. 아무도 어떻게 살아야 된다고 강요하지도, 가르쳐주지도 않았다.

책 읽기와 같이 좋은 습관도 있지만 미루기, 포기하기, 부정적인 생각하기처럼 성장과 발전에 도움이 되지 않는 습관도 있다. 더 이상 살아지는 대로만 살기 싫었다. 내가 원하는 삶을 살고 싶었다. 더 나은 삶을 살고 싶어서 자기 계발을 시작했다. 누군가는 늦었다고 생각할 수도 있다. 하지만 내 삶에 욕심을 내기로 했다. 느리더라도 포기하지 않고, 행복한 내가 될 때까지 해내겠다는 의욕과 열정이 가득했다. 성공할 수 있도록 습관을 만들기로 했다.

시간을 관리하고 싶었다. 처음부터 막막했다. 닥쳐오는 문제들을 미루고 미루다가 마지막에 가서 숨 가쁘게 해결하며 살았다. 초등학교에 다닐 때 시계 모양의 계획표를 세운 것이 전부였다. 갑자기 시간을 관리하려니 생소하고 불편했다. 계획표를 작성하고 시간을 나누는 것은 성인이 된 뒤 처음이라서 어려웠다. '시간 관리'라고 검색한 후 영상을 보고 배웠다. 알게 된 것들을 동원하여 나름대로 계획을 세웠다. 일어나야 할 시간, 해야 할 일, 쉬어야 할 시간 등을 고려하며 계획표를 작성했다. 하고 싶은 게 많아서 생활 계획표엔 빈칸이 없었다. 매일 빡빡하게 짜인 계획표를 따르기란 너무 어려웠다. 처음부터 끝까지 완벽한 날도 있었고, 어느 날은 뒤죽박죽인 날도 있었다. 잘한 날은 뿌듯했고, 못한 날은 자책했다. 완벽하고 싶은 마음에 스트레스를 받았다. '역시 그럴 줄 알았어. 내가 무슨 습관이야. 그냥 살던 대로 살자.' 새로운 시작이 만들어낸 실패가 의욕만 충만했던 내 자존감을 떨어트렸다.

포기할 수 없었다. 급한 길은 돌아가랬다. 다시 공부했다. 습관을 만들기 위해서는 '잘'하는 것도 중요했지만 '왜' 하는가도 중요했다. 단번에 해내야 하는 미션이 아니다. 천천히 여러 번 실행하며 내가 행복해야 한다. 원하는 가치와 결과를 가져다주는 습관이야말로 좋은 습관이다. 다시 나를 믿고 습관 형성을 시작한다.

내가 행복한 습관을 만들려면 어떻게 해야 할까?

첫째, 명확하고 구체적인 행동을 설정한다. 만들고 싶은 습관을 구체적으로 정한다. '다이어트'와 같은 두루뭉술한 목표가 아니다.

인생은 습관이 전부다

그 습관을 실행하고 있는 장면을 상상하면 더 구체적인 행동을 정하기 쉽다. '아침에 일어나 스쿼 10회, 점심 후 졸지 말고 산책 15분, 저녁 먹고 아이들과 줄넘기 10분'과 같이 언제, 얼마나, 어떻게 할지 세부사항을 설정하는 것이 실행하기 훨씬 쉽다.

'책 읽고 쓰기'도 마찬가지다. '저녁 먹고 30쪽 읽고 한 줄 쓰기, 목차 보고 질문 만들어 답 찾기'와 같이 구체적인 행동을 정한다.

둘째, 습관을 왜 만들어야 하는지 그 이유에 대해 생각한다. 책, 방송, 사람, SNS에서 보고 좋아 보이는 것을 습관으로 정했다. 나와는 전혀 상관없이 말이다. 처음 시작할 때 중요한 것은 '왜'이다. 습관을 만들고 싶었던 이유를 써본다. 그 행동이 나에게 어떤 것을 가져다줄지 생각한다. 아침에 일어나 스쿼 10회는 나의 하체 근육을 강화해주고 체력을 길러준다. 체력을 기르면 하고 싶은 일을 끝까지 할 수 있는 힘도 길러진다. 균형과 자세가 바로잡히고 체중 감량에 도움도 준다.

책을 읽을 때도 질문을 만들고 답을 찾는 습관이 책에 몰입할 수 있는 환경을 만들어주었다.

셋째, 습관이 나를 어떤 감정으로 만들지 자주 생각하며 실행한다. 습관은 숙제처럼 급하게 완료하고 끝내는 것이 아니다. 평가하거나 옳고 그름을 판단하는 목적이 아님을 기억한다. 습관이 나에게 어떤 기분을 가져다주는지 계속 상기시켜주는 것이 좋다. '산책하고 나니 기분이 뿌듯해. 체력 좋아지는 것이 느껴져. 잘했어'처럼 인정과 칭찬을 해주고 싶은 마음이 든다면 성공이다. 습관이 어떤 도움이 되는지 생각나지 않는다면 '명확하고 구체적인 행동'을 다시 설정하면 된다.

이런 순서를 거쳐 만들어진 습관은 실행할 때마다 힘이 난다. 설령 외부 상황으로 지치고 힘든 날이 온다 해도 다시 실행할 수 있다.

술을 좋아한다. 부어라 마셔라 끝이 없다. 정신줄을 놓고서도 계속 마셨다, 꼬장 부리는 나를 말리느라 남편이 힘들어했다. 다음 날 어김없이 오는, 개떡 같은 숙취에 나도 힘들었다. 또다시 술을 마시면 성을 바꾼다며 후회하지만 또 마신다. 이런 내가 술도 끊고 100일 기도에 성공했다. 남편은 텔레비전 보며 맥주 마시는 것을 낙으로 삼고 있다. 나에게는 커다란 유혹이었다. 그럼에도 불구하고 100일 기도에 성공했던 이유는 목표가 간절했기 때문이다. 그즈음 내 주변에 안 좋은 일들이 계속해서 생겨났다. 엄마는 무릎이 아파 걷기가 힘들었다. 아빠는 일을 하다 다쳤고, 동생은 하던 식당이 어렵다고 했다. 현아는 감기에 배탈에 계속해서 병원에 다녔다. 간절하게 바랐다. 삶은 생각하는 대로 된다고 했다. 우리 가족 모두 평안하기를 매일 기도했다. 100일 동안 멈추지 않았다. "한잔할래?" 뻔히 100일 기도하는 줄 알면서 약 올린다. 남편에게 눈을 흘겼다. 짓궂은 유혹에도 흔들리지 않았다. 100일 동안의 기도와 좋은 생각을 하는 습관이 나를 평안하게 할 거라고 굳게 믿었다. 기도가 나에게 줄 평안의 기쁨을 생각했다. 그 결과는 100일 기도 성공! 그까짓 100일이 무슨 습관이고 성공이냐고 의문을 가질지도 모르겠다. 그

인생은 습관이 전부다

러나 나에게는 큰 도전이고 기적 같은 성공이었다. 덤으로 나도 할
수 있다는 마음이 생겼다.

마음의 힘은 크다. 어려운 일도 해내게 한다. 습관에 적용하면 못
할 일이 없다. 타인의 권유에 따르기보다 내 안의 소리를 듣고, 원하
는 인생을 위해 노력하는 것이 중요하다. 낯선 행동이 내 안에 뿌리
를 내려야 한다. 기억해야 할 것은 계획의 철저함보다 나에 대한 이
해와 동기부여다. 실패했다고 자책하지 않는다. 좋은 습관을 만들
기 위해 명확하고 구체적인 행동을 정하고 목표의 의미를 생각해본
다. 그 행동을 통해 어떤 감정과 마음을 느끼게 될지 상상하며 실행
한다. 기꺼이 해내고 싶은 마음, 그 간절함은 모든 일의 원동력이 된
다. 인생은 그 누구도 아닌 내가 만들어가는 것이다.

내 삶에 테두리 만들다

— 백란현

성장하고 싶어서 독서와 글쓰기를 시작했다. 친척과 지인들은 뭐가 그리 바쁘냐고 내게 묻는다. 성과가 있냐고, 돈은 좀 되냐고 궁금해한다. 가까운 사람들이 던지는 구체적인 질문에 '지금은 시간과 돈을 투자하는 중'이라고 답한다. 시간을 쪼개어 공부하지만 세 자매가 돌아가며 아플 때는 엄마 자격이 없는 것 같다. 끓어오르던 열정도 가라앉는다. 지인이 보내준 셋째의 태권도 심사 동영상을 보면서, 난 뭐가 그리 바빠서 체육관에도 가보지 못했는지 후회가 밀려온다. 자기 계발은 무슨, 평소대로 마음 편하게 즐기며 살자는 생각도 든다. 성장을 위해 돈과 시간 쓰는 건 손해 아닌가 싶기도 하다. 3년 전 '가계부 다이어트'라는 이름으로 블로그에 포스팅해둔 글이 '지난 오늘 글'로 뜨면, 작가 공부를 시작한 이후 지출한 책값

인생은 습관이 전부다

과 수강료가 아깝게 느껴진다. 대학원이라도 관둬야 하나 싶어 마음이 무겁다.

『내 인생 5년 후』에서는 지금 읽고 있는 책과 요즘 시간을 함께 보내는 사람들이 누구인가에 따라 지금부터 5년 후의 내 모습이 결정된다고 하였다. 내가 가까이 만나고 있는 사람들은 자이언트 북 컨설팅 작가들이다. 읽고 있는 책은 이들이 출간한 책이다. 사들인 책과 읽은 책을 노트북 주변에 쌓아두었다. 정리는 되어 있지 않지만 내 책상에 머무를 때마다 마음은 차분해진다.

세 자매를 키우며 일을 하는 엄마의 자기 계발은 쉽지 않다. 나를 위해 책 쓰기 수강료와 대학원 등록금을 내도 되는가에 대한 고민이 컸다. 주변 환경만 생각하면 자기 계발을 할 수 없다. 돈도 없고 일도 바쁘다. 게다가 사람 때문에 스트레스도 받는다. 현실과 비전 사이에서 고민하고 있을 때 '할 수 있는 것만 하면 발전할 수 없다'라는, 영화 '쿵푸팬더' 속 문장을 발견했다. 3년 전처럼 지출을 아끼는 일은 가정 경제를 위해 해야 하는 일이지만 나의 성장과 성공은 제한하고 싶지 않았다.

성장을 위해 공부하다가 마음이 무거웠던 이유는 단 하나였다. 실천하지 않고 주춤했기 때문이다. 움직임이 줄어들었을 때 주변 사람들의 소리는 더 생생히 들렸다. 그리고 잡다한 생각 속으로 빠져버렸다.

더 많이 성장하고 수익도 내는 사람이 되고자 오늘도, 내일도 알차게 생활해야 한다. 내 삶은 더 바빠진다. 본업이라도 똑바로 하라고 선배들이 눈총을 줄지도 모른다. 5년 후를 바라보면서 사이드 프로젝트로 준비하고 있는 작가 및 강사 활동으로 좋은 습관을 지속하려고 한다.

나만의 좋은 습관 유지 방법은 '내 삶에 테두리 만드는 것'이다. 내가 실천하고 있는 구체적인 방법 두 가지를 소개한다. 모임에 들어가기, 공언하고 실행하기다.

독서를 꾸준히 하기 위하여 서평 쓰는 독서 모임에 들어갔다. 2주에 한 권을 읽고 독서 노트를 작성한다. 소모임에서 작성한 노트를 읽고 책 속 문장에 대한 내 생각을 나눈다. 내가 발표한 문장과 관련된 나의 에피소드도 공유한다. 기록한 노트 내용과 나눔 결과를 토대로 블로그에 서평을 발행한다.

독서 모임에 한 번 빠지게 되니 석 달이나 연속으로 참여하지 않았다. 모임에 가지 않으니 여유 시간은 생겼지만 마음은 편안하지 않았다. 자기 계발에서 독서는 필수다. 성장하고 싶다고 말하면서 행동하지 않는 나 자신이 탐탁지 않게 여겨졌다. 육아와 업무로 고단한 상황이지만 자기 계발을 목표로 두었으니 빠지지 않아야겠다고 다짐했다. 습관은 유지하는 게 중요하다는 것을 다시 한번 느낀 기간이었다. 왜 안 왔을까 나를 염려해주는 회원들에게 미안해서라도 모임 안에서 지속적인 활동을 해야겠다고 생각했다.

성장하기 위해 독서와 글쓰기를 선택했다. 좋은 습관 유지를 위해 모임에 참석한다. 오늘은 갈까 말까 고민하지 말고 한번 결정했으면 밀어붙여서 마무리하는 태도까지 가져보려고 한다. 내 삶에 테두리 만드는 첫 번째 방법으로 '모임에 들어가기'를 추천한다.

글쓰기 습관을 유지하기 위한 두 번째 삶의 테두리는 공언과 실행이다. 블로그에 교단 일기와 어린이 책 소개를 각각 100일간 포스팅한 적이 있다. 블로그에 나만의 실천 100일, 그림책 100권의 두 가지 위젯을 설치한 후 매일 기록했다. 학교 이야기를 올리는 기간에는 토요일과 일요일도 100일에 포함되어 있었다. 출근하지 않는 날에는 무슨 에피소드를 올려야 하나 고민했다. 기존에 찍어둔 사진 파일을 보았다. 작년이나 재작년 교실에서 있었던 이야기도 써서 100일 글쓰기에 성공했다. 블로그에 100일간 연속으로 글을 쓰겠다고 공언한 덕분에 실천할 수 있었다.

블로그 글쓰기도 챙기고 첫 책 원고도 써야 하는 기간이 있었다. 매일 써야 원고를 완성할 수 있다고 생각했다. 동시에 블로그 글쓰기도 놓치고 싶지 않았다. 100일씩 글쓰기 잘 해왔는데 블로그도 하루 이틀 글을 멈추면 나의 매일 글쓰기 습관이 사라질 것만 같았다. 내가 만약 전업 작가라면 두 가지 모두 해낼 수 있겠지만 나는 낮에 직장에서 8시간 동안 일도 해야 한다. 책부터 먼저 쓰기로 결정한 내 목표를 블로그에 공언했다.

2022년 10월 한 달 동안 책 원고를 쓸 예정이었다. 블로그 포스팅은 잠시 중지한다고 블로그에 공지를 띄웠다. 책 쓰기 근황을 간략하게 포스팅하는 정도로 블로그를 유지했다. 공언이 있었기 때문에 매일 초고를 썼다. 블로그 이웃에게 한 약속을 지켜야 했다. 나 스스로 떳떳하기 위해서라도 한 달 만에 원고를 완성했다. 『조금 다른 인생을 위한 프로젝트』는 공언하고 실행하기 덕분에 탄생했다.

습관 유지를 위하여, 모임에 들어가기와 공언하고 실행하기의 두 가지 방법을 권한다. 이 방법 덕분에 나는 독서와 글쓰기 부분에서 매일 실천하는 작가가 되었다. 이것은 삶의 테두리를 만드는 일이므로 누구나 좋은 습관을 유지할 수 있다. 라이팅 코치 56명의 커뮤니티, '글빛백작' 책 쓰기 강의 공지 덕분에 라이팅 코치로서 삶의 테두리를 튼튼하게 만드는 중이다.

나는 교사이자 작가다. 나에게 맡겨진 학생, 독자, 수강생에게 좋은 습관을 보여줘야 하는 위치에 있다. 소소하게 여겼던 나의 습관이 누군가에게는 실천을 돕는 마중물이 된다. 나로 인해 누군가가 도전하고 싶은 열정을 가진다면 더할 나위 없이 기쁘겠다. 『위대한 상인의 비밀』에 나온 문장처럼, 좋은 습관을 만들고 그 습관의 노예가 되는 일은 모두를 성장시킨다. 성장은 습관 덕분에 이루어진다. 내 삶의 테두리를 만들어서 함께 성장하자.

인생은 습관이 전부다

어제의 나를 뛰어넘기

— 서영식

아침에 일어나서 잠이 들 때까지 내 모습을 지켜볼 수 있으면 좋겠다. 내 하루는 어떤 모습일까? 평일에는 6시 20분에 일어나서 급하게 씻고 출근하기 바쁘다. 회사에 도착하면 팀원들과 간단히 인사한다. 자리에 앉자마자 컴퓨터를 켠다. 출근 체크를 하고 일일 업무 계획표 엑셀 파일을 연다. 어제 한 일을 확인하고 오늘 할 일을 입력한다. 정리하면 업무를 놓치지 않는다. 기록을 하는 이유다. 매일 업무 계획을 쓰는 습관은 10년 넘게 지속하고 있다. 기록하면 했던 일과 지금 하는 일을 다 알 수 있어서 좋다. 매일 하는 일이라 안 하면 이상하다. 양말 한 짝을 안 신고 있는 느낌이랄까. 주말인 토요일 아침에는 6시 30분에 기상한다. 자이언트 책 쓰기 수업을 듣기 위해 주소를 확인하고 줌(Zoom)에 접속한다. 두 시간 동안 집중해서 듣고 필기를 한다. 수강 후기도 남긴다. 토요일 수업이 없으면 뭔가 허전하다. 안경 안 쓰고 밖에 돌아다니는 느낌이다.

올해 7월부터 새로운 아침 습관이 생겼다. 발표 불안을 이겨내고 싶었다. 강은영 작가의 '멘탈 파워 스피치' 강의를 듣고 있다. 과제가 있다. 출근 전 긍정 확언(내가 도달하고 싶은 목표를 표현하는 말)을 한다. 스스로 잘할 수 있다고 말을 한다. 하루도 빠지지 않고 매일 35일째 하고 있다. 반복하면서 긍정적으로 생각이 바뀐다. 잘할 수 있다는 자신감도 생겼다. 수업 들으면서 표정과 말투가 좋아졌다는 얘기를 듣는다. 대학 동창 친구 A가 생각난다. 학교에 오기 전 거울을 보면서 "넌 멋져, 잘생겼어, 대단한 사람이야"라고 말을 한다고 했다. 그 당시엔 자기애가 강한 친구라고 생각했다. 내가 직접 해보니까 다르다. 매일 긍정의 말을 한다. 잘하고 있다고 자기 암시가 된다. 마음도 편안해졌다. 회사에서 힘들거나 기분 나쁜 일이 생겨도 잘 넘긴다. 처음엔 약간 낯간지러웠다. 내가 나에게 말을 한다는 게 어색했다. 매일 아침 거울을 보긴 하지만 나에게 말을 걸진 않았다. 나는 점점 더 좋아지고 있다고 말하니까 실제로도 나아진다. 생각이 바뀌니 행동과 말투도 바뀐다. 기분이 안 좋을 때 나도 모르게 목소리 톤이 올라가고 강하게 얘기하기도 한다. 이젠 조금씩 달라지고 있는 내 모습을 느낀다. 화가 날 수 있는 순간에도 차분해진다. 마음도 더 넓어진 듯하다. 예전엔 약간 일방통행 식으로 업무를 전달했다. "언제까지 어떻게 합시다." 이제는 '이렇게 하는 방법이 어떨지' 얘기를 해보라고 질문을 한다.

인생은 습관이 전부다

내 말투가 좀 강할 때가 있다고 누군가 얘기했다. 전혀 생각 못했던 나의 말 습관이다. 얘기를 듣고 바꾸려고 노력하는 중이다. 강하게 말한다고 일이 빨리 되는 것은 아니다. 오히려 반발심만 생길 수도 있다. 직장에서는 늘 소통의 중요성을 강조한다. 네이버 국어사전에서 소통의 뜻을 검색해보면, ① 막히지 않고 잘 통함 ② 뜻이 서로 통하여 오해가 없음이다. 서로 얘기를 편안하게 할 수 있어야 소통이라고 생각한다. 같이 일하는 동료들과 막히지 않고 잘 통하기 위해서 노력한다. 일주일에 적어도 한두 번 같이 커피를 마신다. 사소한 일상 이야기도 나눈다. 서로에게 관심을 가진다. 긍정적으로 생각하고 말하려고 한다. 소통의 첫걸음은 편하게 얘기하는 게 아닐까? 하루아침에 갑자기 이루어지진 않는다. 평소에 스몰토크도 많이 하고 서로 알아가야 한다. 전혀 대화가 없다가 갑자기 "자! 오늘부터 열심히 소통합시다. 각자 한마디씩 해보세요"라고 하면 할 말이 없다. 관심을 가지고 계속 대화를 해야만 편하게 얘기를 할 수 있지 않을까?

좋은 습관 만드는 방법에 관한 책과 정보가 많다. 쉽게 할 수 있고 삶에 긍정적인 변화를 주는 습관은 여러 가지가 있다. 하지만 막상 실천하려면 방법을 잘 모르는 경우가 있다. 나도 '좋은 습관'이라고 하면 뭔가 특별한 것이 필요하다고 생각했다. 쉽게 할 수 없는 일이거나, 힘들여 계속해야 하는 어려운 일로 여겨졌다. 나에게 맞는 방식을 찾으면 된다. 어렵게 생각하지 않는다. 내가 할 수 있는 좋은 습관이 뭔지 쭉 써본다. 하나씩 매일 실천하면 된다.

내가 실천할 수 있는, 작지만 좋은 습관은 뭐가 있을지 생각해 봤다.

① 잠들기 전 좋은 생각하기: 자기 전 즐겁고 좋았던 일을 생각한다.

② 매일 긍정 확언하기: 매일 스스로 할 수 있다고 격려한다.

③ 출근해서 거울 보고 활짝 웃어보기: 출근 후 나의 표정을 밝게 한다.

④ 매일 읽기: 매일 10분이라도 책을 읽는다.

⑤ 매일 쓰기: 일기를 쓰고 블로그 포스팅을 한다.

⑥ 하루 한 가지 칭찬하기: 스스로 칭찬할 일 하나를 찾는다.

⑦ 아침 기상 스트레칭: 일어날 때 짧게라도 몸을 풀어본다.

하루를 잘 보내기 위한 좋은 습관을 지속해서 만드는 방법은 많이 있다. 내 경험을 통해 세 가지로 정리해본다.

첫째, 나에게 맞는 방법을 찾는다. 나에게 가장 효과가 있었던 방법은 잠들기 전 좋은 생각을 하는 것이다. 가장 쉽게 할 수 있었고 효과도 있었다. 정신없이 잠드는 것이 아니라 조용히 오늘 하루를 돌아보는 것이다. 좋았던 일만 생각한다. 재미있었던 일과 기분이 좋았던 일을 생각하고 잠이 들면 아침에 일어났을 때 기분이 좋다. 잠이 들기 전 걱정되는 일, 화나는 일을 생각하면 아침에 몸이 무겁다.

둘째, 매일 실천하는 기록을 남긴다. 나는 하루 동안 상태를 기록한다. 건강, 마음, 일이 어떻게 되는지 10점 만점으로 점수를 매긴다. 점수가 모두 높은 날과 낮은 날은 간단히 메모한다. 원인이 무엇인지 써본다. 엑셀로 간단히 정리한다. 작성하는 데 시간이 3분도 걸리지 않는다. 기록을 보고 점수가 높은 날을 본다. 좋은 날의 기억은 계속 봐도 기분이 즐겁다.

셋째, 글을 써본다. 생각이나 행동이 변화하고 있는 모습을 기록한다. 블로그에도 쓰고 틈틈이 노트에도 적는다. 글을 읽어보면 달라지는 내 모습이 보인다. 글로 써놓으면 달라지는 내 생각을 알 수 있다. 무엇을 고민했는지, 지금은 어떻게 달라졌는지 알 수 있다.

텔레비전 프로그램 중 '무한도전'을 많이 좋아했다. 매주 토요일 놓치지 않고 자주 봤다. 2013년 3월 2일 방송분이다. '1년 전의 나'와 대결하는 내용이다. '나 vs 나'라는 제목으로 건강검진, 얼굴 비교, 체력장 등 다양한 대결을 펼친다. 1년 전과 후의 건강 상태와 체력을 검증하고 똑같은 방법으로 확인한다. 매일 운동을 하는 유재석은 1년 전의 모습보다 월등히 체력이 나아진 것을 확인했다. 매일 반복하는 좋은 습관이 미래를 바꿀 수 있다고 믿는다. 하루하루는 표시가 잘 나지 않지만 누적된 시간은 나를 더욱 성장하게 한다. 1년 후, 2년 후의 나를 뛰어넘는 모습을 상상한다.

자신을 뛰어넘기 위해서는 나를 잘 알아야 한다. 스스로 돌아보는 시간이 필요하다. 내가 좋아하는 것, 하고 싶은 것을 찾아본다. 생각해보면 실천할 수 있는 좋은 습관이 많다. 아침에 일어나서 잠들기 전까지 하는 일을 써본다. 시간은 모두에게 공평하게 주어진다. 어떻게 보내는지에 따라서 삶이 달라진다. 매일 계속하는, 작지만 좋은 습관이 나를 더 성장하게 만든다. 하루하루 나를 위한 시간이 눈에 보이지 않게 쌓인다. 뿌리가 튼튼한 나무는 바위도 뚫는다. 매일 나를 위한 시간을 축적할수록 더 단단해지고 강한 내가 되어간다.

나의 프로 작심삼일러 탈출기

― 송슬기

어떤 분야에 숙련된 기술이 있는 사람을 장인이라고 한다. 한 분야의 전문가가 되기 위해서는 깊이 있는 지식도 필요하겠지만 자주, 많이, 오랜 시간 반복해 경험을 쌓는 것이 중요하다. 그러다 보면 자신도 모르는 사이에 프로가 된다. 그런 까닭에 사전적인 의미와는 다르겠지만, 나도 전문가라 할 수 있다. 실패와 포기를 자주, 많이, 오래 반복했던 나. 프로 작심삼일러다.

내 주변 사람들은 연말이나 새해가 되면 꼭 계획을 세운다. 한 해의 시작과 끝만큼 결심하기 좋은 날도 없는 것 같다. 나도 매년 다짐했다. 다이어트, 영어 공부, 자격증 취득, 독서. 이외에도 많겠지만 제대로 실천했던 적은 별로 없다. 계획대로 행동하는 일, 쉽지 않았다. 다이어트라는 목표를 세우고 저녁을 먹지 않으며 참았다. 하지만 며칠이 지나면 배고픔을 참지 못해 야식을 먹었다. 폭식도 했다. 운동 결심은 이틀을 넘기지 못했다. 3㎞ 정도 달리고 나면 다음 날은 온몸 근육이 아프다는 이유로 쉽게 포기했다. 돌이켜 보니 정해진 기한도, 구체적인 실천 방법도 없었다. 목표만 덩그러니 세워두고 노력했다고 말했던 지난날을 반성하게 된다. 어떤 이들은 작심삼일을 꾸준히 하면 된다고 한다. 삼일에 한 번씩 결심하면 된다고 했지만, 포기를 계속할수록 나에 대한 부정적인 마음이 많이 들었다. '나는 할 수 없는 사람'이라는 생각이 들게 했다. 이 효과는 나에게 위력적이었다. 어떤 행동을 시도하기도 전에 한계를 정했다. 제대로 노력조차 하지 않고 건성으로 대충 하기 일쑤였다.

그나마 좋은 습관이라고 말할 수 있는 것은 매일 뭐라도 기록하는 것이었다. 글쓰기를 배우면서 잘 쓰고 싶다는 마음이 점점 커졌다. 잘 쓰기 위해서는 못 쓰는 글을 많이 써봐야 한다고 했다. 초보 작가에게 하는 듣기 좋은 말이라고 생각했다. 처음엔 불가능하다고 생각했다. 나는 한 문장 쓰는 것도 어려웠다. 쓰고 고치기를 반복하니 시간도 오래 걸렸다. 전업 작가도 아닌데 어떻게 매일 쓰냐고 투덜거렸다. 블로그를 하며 이웃을 맺은 작가들이 글을 포스팅하면 알림이 왔다. 나는 하나도 벅찬데 어떤 이웃은 2~3개씩 글이 작성되었다는 알람이 올 때도 있었다. 노력하고 있는 다른 사람들의 모습은 자극이 되었다. 예전과 다르게 글이 늘어 있는 작가들을 볼 때면 매일 쓰는 방법에 신뢰도 생겼다. 일정한 시간에 같은 분량의 원고를 쓰는 것이 방법이라고 했지만, 그렇게 했다가는 분명 또

인생은 습관이 전부다

포기하게 될 것 같았다.

방법을 조금 바꾸기로 했다. 글을 잘 쓰는 것보다 매일 쓰는 습관부터 길러야 했다. 그때부터 한 줄이라도 블로그에 기록을 남겼다. 책을 읽고 감상문을 쓰거나 글쓰기 수업을 들었던 후기, 일상을 소재로 글을 썼다. 하루 한 편의 글을 쓰는 것이 책 한 권 쓰는 것보다 쉽다고 말하는 사람이 많았지만 내게는 그마저도 거창했다. 더 작고 사소하게 쪼갰다. 매일 블로그에 점이라도 찍겠다는 마음으로 글을 쓴다. 누군가는 그게 무슨 글쓰기 습관을 기르는 거냐고 되묻기도 한다. 하지만 나는 자신이 할 수 있는 일에서 목표를 찾는 것이 중요하다고 생각한다. 작고 사소한 목표를 통해 성취감을 경험할 수 있기 때문이다. 포기가 부정적인 마음을 갖게 했다면, 성공 경험은 자신을 긍정적인 사람으로 인식할 수 있게 했다. '할 수 있는 사람', 나아가 '나도 꽤 괜찮은 사람'이라는 자기 긍정은 다른 일을 할 때도 그대로 적용되었다. 망설이던 사람에서 일단 실행하는 사람으로 바뀌어갔다. 눈덩이 효과처럼 작은 습관은 다른 좋은 습관들을 만들었다. 매일 조금씩 책 읽기, 필사하기, 물 2리터 마시기, 주 2회 금주하기, 일어나기 전 스트레칭처럼 생활 속에서 충분히 실천할 수 있는 습관들로 이어졌다.

어떤 일을 금방 포기하는 것만큼 시간 관리를 못하는 것도 나의 부족한 점 중 하나다. 초등학생 시절, 방학이 되면 방학 계획표는 잘 세웠지만 한 번도 제대로 지킨 적이 없었다. 방학 탐구생활은 앞의 몇 장만 한 채 개학을 맞이했다. 일기는 미루고 미루다 제출하지도 못했다. 중·고등학생 때도 마찬가지였다. 다른 친구들은 시험 전부터 미리 날짜별로 학습량을 정해 계획적으로 공부했다. 나는 늘 벼락치기로 공부한 탓에 고학년이 될수록 성적은 공부한 만큼 솔직하게 나왔다.

아이들이 이런 내 모습을 닮지 않기를 바랐다. 스스로 계획을 세워 척척 공부하는 힘을 길러주고 싶었다. 자기주도 학습이라는 습관을 길러주고 싶었지만 막막했다. 경험이 없으니 아이들에게 제대로 가르쳐줄 수 없었다. 계획만 잔뜩 세워놓고 기분에 따라, 일정 때문에 계획대로 실천하지 못하는 날도 많았다. 불규칙한 행동은 아이들의 습관으로 이어지지 못했다. 문제집을 풀어보자고 말을 하면 실랑이하는 날이 많아졌다.

작년 7월, 어느 자녀 교육 유튜버의 콘텐츠에서 체크리스트를 작성하여 아이들의 학습 습관을 기르는 방식을 보았다. 일단 실행하기 시작했다. '매일 할 일'을 한 달 단위로 작성했다. 내용은 지극히 단순했다. 매일 수학 문제집 한 장, 매일 독서, 일주일에 두 번 일기 쓰기 같은 항목으로 빈칸을 채웠다. 오직 실행 유무만 체크하는 방식이었다. 내용은 한 달에 한 번 아이들과 함께 정했다. 주로 내가 의견을 제시하면 아이들이 할 수 있는지를 판단했다. 동의하지 않으면 넣지 않았다. 매달 15일엔 아이들과 중간 점검도 했다. 수정할 내용이 있으면 아이들과 조율해서 반영했다. 과하다 싶으면 줄였고, 부족하다 싶으면 조금씩 늘렸다. 또 주말 휴대폰 게임 두 시간, 보드게임 같은 아이들의 요구사항도 넣었다. 보상도 확실하게 했다. 체크리스트로 작성하니 아이들은 해야 할 일이라고 확실하게 인식하는 것 같았다. 표를 보면 목표와 달성 과정을 한눈에 파악할 수 있으니 아이들도 빈칸이 채워질 때마다 뿌듯해했다. 그렇게 매달 아이들과 습관을 만들어가는 중이다.

좋은 습관이 생기면서 눈에 띄게 달라진 행동이 있다. 결과 대신 과정을 스스로 칭찬하는 것이다. 어색해 손발이 오글거릴 때가 있지만 약간의 뻔뻔함을 가진다. 머리를 쓰다듬거나, 혼자 박수를 친다. 내가 나를 안아주듯이 팔을 겹친 다음 토닥거리기도 한다. 이만하면 잘했다고, 지금 잘하고 있다고 소리 내어 말을 뱉는다. 아이들과 남편은 이런 나를 두고 뜬금없다고, 이상하다고 말할 때도 있다. 하지만 생각만 하는 것보다 작은 행동이라도 하니 효과가 좋다. 성공 경험이 생길 때마다 스스로 칭찬하니 내 수고를 알아준 것 같아 자신감도 생긴다.

성공을 위해서는 목표를 세우고 꾸준히 노력하라는 말을 좋아했다. 노력하는 만큼 성취를 이룰 수 있을 것 같다는 희망도 생겼다. 하지만 노력을 지속하는 것이 제일 어려웠다. 좋아하면서도 와닿지 않았다. 공자님 말씀이었고, 교장 선생님 훈화 말씀이었다. 공감하지 못했던 이유를 짚어본다. 어쩌면 나는 '꾸준히'를 놓치고 있었던 것은 아니었을까.

할 수 있는 사소하고 작은 목표를 체크리스트에 적어본다. 행동 자체에만 초점을 맞춘다. 겨우 두세 개로 시작했던 습관이 하나씩 늘어간다. 빈칸을 동그라미로 채우며 성취 경험을 쌓는다. 반복된 경험이 더 큰 목표를 이루기 위한 동기가 되고 자신감의 근거가 된다. 결과에 연연하지 않는다. 해냈다는 사실을 칭찬한다. 쌓이는 경험만큼 좋은 습관도 자존감과 함께 단단해져간다.

뚜렷한 목표, 좋은 습관을 만들다

— 이현주

2022년 1월, 모든 비밀번호를 바꿨다. '2023년 나는 작가다.' 새로운 꿈이 생겼다. 내 이름으로 된 책, 갖고 싶었다. 12월 책 쓰기 최고 강사에게 듣는 글쓰기 강의, 의지가 불타올랐다. 수업을 들은 날은 두서없는 글이지만 신나게 키보드를 두들겼다. 손가락 끝에 마법이 걸린 사람처럼 마구 썼다. 오래가지 않았다. 다음 날부터가 문제였다. 모니터에 한글 파일을 열어놓고 뚫어지게 쳐다봤다. 보이지 않는 기 싸움. 결국 한 줄도 못 썼다. 좋은 방법을 알려줘도 내가 하지 않으면 소용없다. 쓰는 습관을 만드는 게 우선이었다.

어떻게 하면 쓰는 습관을 만들 수 있을까. 언제 써야 할까. 글을 쓰는 시간을 정해놓고 그 시간이 되면 무조건 쓰라고 하던데, 언제가 가장 좋은 시간인지. 나는 언제 집중이 잘되나. 우선 앉아 있으면 될까. 생각만 가득했다.

'힘들 것 같은데, 내가 할 수 있을까.' 시작도 전에 의욕을 상실했다. 너무 큰 욕심을 부리는 건 아닐까. 걷지도 못하면서 뛰겠다고 팔다리를 흔들며 서 있는 나. 방법을 찾아야 했다. A4 용지를 꺼냈다. 하얀 종이를 보니 머릿속이 텅 비었다. 펜을 들고 이것저것 끄적거렸다. 언제, 어떻게, 몇 분 정도, 몇 줄의 글을 쓴다. 생각나는 대로 썼다. 내용을 간추려 하나하나 정리했다. '어! 이 정도는 나도 할 수 있겠는데…'라는 만만한 세 가지. 종이에 옮겨 적었다. '그래, 바로 이거야. 당장 시작하자.' 반드시 한다고 다짐했다.

첫째, 매일 독서, 책 읽는 습관을 만들자. 작가는 글 쓰는 사람이다. 쓰기 위해서는 반드시 책을 읽어야 한다. 규칙적으로 읽는 습관을 만들어야 했다. 2016년 독서 모임을 시작으로 책을 읽었다. 재미있는 책은 단숨에 읽었다. 흥미가 없거나 조금이라도 어려운 책은 독서 모임에 참여하기 위해 읽었다. 시험 전날 벼락치기를 하듯 밤새워 읽은 적도 있었다. 어떤 날은 책도 펼치지 않았다. 매일 책을 읽는 습관이 중요하다고 한다. 특히 글을 쓰겠다, 작가가 되겠다고 생각한다면 두말하면 잔소리. 독서가 우선이다. 어떻게 하면 매일 책을 읽을 수 있을까. 나에게 맞는 방법을 생각했다. '미라클 모닝이 좋다. 아침에 책을 읽는 게 좋다'라고 하지만 나는 아침형 인간이 아니다. 나에게 맞는 습관을 찾는 것이 중요했다. 습관을 유지하는 방법은 무엇인지, 가장 편하게 책을 읽을 수 있는 시간과 양은 얼마나 될지 계속 물었다. 여러 번 시도 끝에 방법을 찾았다.

인생은 습관이 전부다

하루 중 어느 때라도 괜찮다. 시간을 따로 정하지 않고 읽기로 했다. 외부로 나갈 때는 조금 일찍 출발했다. 의미 없이 휴대폰을 보면서 낭비한 시간, 짧게는 몇 분에서 길게는 수십 분 그 틈새 시간을 이용하기로 했다. 차에 책을 넣고 다니며 읽었다. 처음엔 30분 타이머를 설정했는데 집중하기 어려웠다. 자꾸만 시계를 봤다. 시간을 지키지 못할까 봐 걱정됐다. 설정한 시간을 없앴다. 부담이 없으니 꾸준히 지속할 수 있었다. 오늘도 해냈다는 생각에 뿌듯했다. 달력에 체크할 때마다 만족감을 느꼈다. 지금은 습관으로 자리 잡아 언제든 장소에 구애받지 않고 자연스레 책을 펼친다.

둘째, 한 줄이라도 메모하자. 글을 쓰기 위해서는 글감이 있어야 한다. 어떤 내용으로 글을 쓸 것인가, 뭘 써야 하나 고민했다. 머뭇거리다 한 줄도 쓰지 못하고 멈추기를 반복했다. 좋은 글감을 찾아다녔다. 블로그, 인스타그램 등 여기저기 기웃거렸다. 다른 사람들은 도대체 어떤 글을 쓰는지 궁금했다. 주제는 다양했다. 정보를 전달하는 글보다는 개인의 경험을 담은 글에 끌렸다.

오늘 있었던 이야기를 그냥 쓰다 보면 넋두리가 됐다. 불평이나 불만이 많았고, 부정적인 이야기만 잔뜩 늘어놨다. 누가 이런 글을 읽고 싶을까. 나쁜 감정, 우울한 감정은 더 빨리 전염된다고 한다. 만날 때마다 힘들다, 어렵다, 지친다는 말, 친한 친구라도 듣기 싫을 것 같다. 책 쓰기 강사가 한 말이 생각났다. 일상에서 경험한 일들을 꾸밈없이 그대로 적고, 독자들에게 하고 싶은 말과 전하고 싶은 '메시지'를 담는 것. 배우고 느끼고 깨달음을 담아 쓰는 글을 연습하기로 했다.

일상을 기록하기 위해 메모했다. 딱 한 줄이라도 쓰자고 마음먹었다. 정말 딱 한 줄만 쓰기도 했다. 하지만 쓰다 보면 서너 줄을 쓸 때도 있었다. 언제든 메모할 수 있는 수첩과 펜을 갖고 다녔다. 차에는 작은 포스트잇을 붙였다. 수첩에 쓰는 게 어려울 땐 포스트잇에 몇 단어라도 썼다. 이 작은 행동이 뭐라고, 차 안 가득 붙어 있는 포스트잇을 볼 때면 미소를 지었다. 뭔가 잘하고 있는 것 같은 기분. 스스로 칭찬했다. 메모하기 전보다 생각도 깊어졌고, 글감도 풍부해졌다.

셋째, 블로그에 매일 한 편의 글을 쓰자. 긴 글, 짧은 글, 잘 쓴 글, 못 쓴 글 생각하지 않았다. 그저 '오늘 글 한 편 올리는 것'을 목표로 했다. 무조건 하자고 마음먹었다. 프리랜서로 일하니 이동 시간이 많고 일정도 들쭉날쭉했다. 습관을 형성하려면 같은 시간에 똑같은 행동을 반복하면 좋다고 했다. 하지만 정확한 시간을 맞추기가 어려웠다. 나에게 맞는 방법과 시간을 정했다. 쓸 수 있을 때 쓴다는 것. 나와 약속했다. 블로그에 글을 쓰다 보니 좋은 점 몇 가지를 발견했다. 첫 번째는 언제든 수정이 가능하다는 것이다. 오늘 쓴 글이 마음에 안 들어도 내일 고치고 다듬어 다시 발행하면 된다.

또 하나 좋은 점은 비공개 글을 쓸 수 있다는 것이다. 누군가 읽는다고 생각하면 예쁘게 꾸민 글, 마음을 속이는 글, 고상한 표현의 글만 써야 할 것 같았다. 그런데 비공개가 있으니 혼자만의 비밀스러운 속마음도 솔직하고 자유롭게 쓸 수 있다. 매일 좋은 일만 있고, 좋은 사람만 만나고 행복한 건 아니니까. 그날그날 감정에 충실한 글을 쓸 수 있고, 화가 나거나 누군가 싫고 미운 마음도 날것 그대로 표현할 수 있었다. 그렇게 신나게 키보드를 두들기고 나면 마음이 조금씩 가라앉았다. 며칠 후 다시 읽어본다. 한 발짝 떨어진 곳에서 바라본다. 꼴도 보기 싫었던 사람, 극도로 화가 났던 상황이 달리 보였다. 돌아볼 마음이 생겼다. 다시 보면 별것 아닌 일도 많았다. 글이라는 게 쓸수록 신기했다.

'작가가 되겠다'란 목표, 큰 소리로 읽었다. 매일 썼다. 모니터 배경화면으로 설정했다. 예전과 같은 태도로는 절대 이룰 수 없다. 무엇보다 행동의 변화가 필요했다. 덕분에 책 읽는 습관, 한 줄 메모, 블로그에 글 올리는 것을 반복할 수 있었다. 간절한 목표는 습관을 유지하도록 자극했다. '작가가 되기 위해 나는 오늘 무엇을 했는가.' 스스로 묻고 답했다. 목표를 성취하기 위해서는 좋은 습관이 필요하다. 목표 없는 삶, 이리저리 끌려다녔다. 내 삶의 명확한 목표는 나를 움직이게 했다. 오늘에 집중할 수 있게 했다.

글을 쓰는 사람인 것처럼

— 장춘선

글 쓰는 습관은 만들기가 힘들다. 쓰고 싶다는 욕구는 강하지만, 바쁘다는 핑계로 하루 이틀 미루다 보면 더 쓰기 싫었다. 그럴 때마다 글 쓰는 사람들과 어울리며 작가라는 이름을 상기시킨다. 글쓰기 강사가 블로그와 인스타그램에서 스스로 글 쓰는 사람으로 노출하라고 했다. 나는 아직 SNS가 익숙하지 않다. 직장인이라 시간이 부족하다는 핑계를 댄다. 글 쓰는 사람들이 모인 공개 채팅방에 올라오는 블로그와 인스타그램을 자주 본다. 책 읽고 문장 독서한 내용을 토대로 글을 써서 올리는 사람도 있고, 강의 후기를 블로그로 정리해서 올리는 사람도 있다. 대단하다는 생각이 든다. 출간 소식에 분발하게 된다. 저자 특강이 있으면 기를 쓰고 듣는다. 어떤 내용을 썼을까, 어떻게 강의할까 궁금하다. 잠실 교보문고에서 열리는 저자 사인회에 갔다. 멋지게 사인하는 모습이 부러웠다. 작가들과 어울릴수록 쓰고 싶다는 욕구가 강해졌다. 나도 모르게 글 쓰는 사람들의 온갖 소식에 촉각을 세우며 산다. 지치지 않도록 동기부여도 받고, 필요한 정보를 수집하고 따라 하려고 한다. 직장 생활과 병행하며 글 쓸 수 있는 시간과 방법을 찾아가려고 애쓴다. 내가 글 쓰는 사람인 것처럼 살아가는 일상을 소개한다.

첫째, 글쓰기 강의를 듣는다. 33년 차 간호사다. 나이 들어가며 피로감을 많이 느낀다. 2021년 7월부터 이은대 자이언트 북 컨설팅에 입과하여 퇴근 후 글쓰기 공부를 하고 있다. 피곤해도 듣게 된다. 대부분 저녁 시간에 정규 수업, 문장 수업, 서평 쓰는 독서 모임, 그 외에도 저자 특강이며 이벤트 행사까지 참여한다. 회식이 있을 때 수업 시간을 맞추기 위해 먼저 일어나야 할 때도 있다. 개인 약속은 잡지 않는다. 최근에 시작한 필라테스를 하고 오면 수업이 막 시작할 시간이다. 씻지도 않은 채 수업을 듣는다. 누가 시킨 일도 아닌데 왜 이렇게 글쓰기에 빠져들고 있을까. 우연한 기회에 글쓰기 강의를 들었다. 들을수록 내가 원하는 무언가를 잊고 살았다는 생각이 든다. 그것이 글쓰기였을 수도 있고, 나를 챙기지 못한 시간일 수도 있다. 메꾸고 싶다는 욕망이 일었다. 글쓰기에 몰입하는 시간이 이런 욕구를 해소해주는 것 같았다. 내 생각을 표현하고, 감정을 풀어내고, 하고 싶은 말을 할 수 있는 자유가 허락되었다. 글 쓰는 사람으로 목표를 정했다. 글쓰기와 관련된 강의와 행사에 집중한다.

아직 매일 글을 쓰는 사람은 아니다. 낮에는 직장인의 본분에 충실해야 한다. 매일 글을 쓰고 있는 작가의 모습을 상상하며 오늘도 글쓰기 강의를 듣는다. 강사가 블로그를 강조하면 블로그를 쓰다가, 일기 쓰기를 강조하면 일기를 쓰다가, 모닝저널을 강조하면 모닝저널을 쓰다가. 쓰고 멈추기를 반복한다. 미루기는 하지만 포기하지 않았다.

둘째, 틈새 독서를 한다. 글쓰기 강사가 독서를 강조했다. 즐길 정도로 읽고 있지만, 읽어야 한다는 강박이 생겼다. 저녁 9시 이후는 책 읽고 글 쓰는 시간으로 정해두었다. 요일마다 강의 횟수가 늘어나 독서 시간이 지켜지지 않았다. 그 시간이 온전히 비어야만 책을 펼쳤다. 독서 시간을 변경해야 했다. 시간과 장소를 가리지 않고 할 수 있는 틈새 독서법으로 바꾸었다. 책 읽을 시간을 정해두면 예상치 못한 일로 포기하기 일쑤다. 자투리 시간을 활용한 틈새 독서법은 정해진 시간보다 더 유용하게 활용할 수 있다. 큰 결심을 하지 않고 아무 때나 볼 수 있기 때문이다. 글쓰기 공부에서 배운 병렬 독서 덕분이다. 월화수목금토일 다른 책을 읽어도 된다고 했다. 처음엔 의아했다. 여러 종류의 책을 함께 읽으면 줄거리가 헷갈리고 기억이 나지 않는데, 그게 가능할까 싶었다. 병렬 독서의 핵심은 줄거리 독서가 아니라 문장 독서였다. 한 페이지를 읽더라도 의미 있는 문장을 찾아 활용할 수 있으면 됐다. 문장 독서는 많은 것을 가능하게 했다. 책 표지만 봐도, 목차만 봐도, 들어가는 글만 읽어도 좋은 문장을 찾을 수 있었다. 잠깐의 시간만 생겨도 책을 읽는 사람이 되었다.

인생은 습관이 전부다

일찍 출근하는 편이다. 한 시간 남짓 여유를 둔다. 병원 가운으로 갈아입고 컴퓨터를 켠다. 메일을 확인하기 시작하면 일이 줄줄이 엮인다. 어느 날 이게 아니다 싶었다. 메일을 열지 않았다. 가능하면 출근해서 먼저 책을 읽으려 한다. 적어도 10분 이상. 10분이 무슨 효과가 있겠냐고 하겠지만, 아침 독서 10분은 일하기 좋은 최적의 컨디션을 만든다. 하나의 업무가 마무리되고 다른 일을 시작하기 전 멍하게 뜸 들이는 시간이 있다. 그 시간에 책을 읽는다. 평정심이 유지된다. 한 장을 못 넘길 때가 태반이지만 짧은 찰나에 다른 일을 수용하는 데 최고다. 점심시간에 수다 떨지 않고 책 읽기 10분, 퇴근 시간 뒤척거리는 10분. 사소해 보이지만 일주일이면 얇은 책 한 권은 뗄 수 있다. 자투리 시간에 습관적으로 책 읽는 재미가 쏠쏠하다. 일상에 스며든 독서 습관이 생겼다.

셋째는, 단어 찾는 연습이다. 글쓰기 공부를 하면서 처음으로 의아했던 단어가 '적확하다'였다. '정확하다'를 잘못 표기한 줄 알았다. 문장 수업에서 자세한 설명을 들으며 얼굴이 화끈거렸다. 공저로 참여한 『글쓰기를 시작합니다』의 내 글에 적확하다는 표현이 나온다. 생각하고 적었는데 남편이 맞춤법이 틀렸다며 알려주었다. 아니라면서 되레 가르쳐주었다. 내가 아는 단어만큼, 세상도 그렇게 보였으리라.

책을 읽을 때면 모르는 단어를 찾는 습관이 생겼다. 읽다가 확실하지 않거나 처음 접하는 단어는 네이버 어학사전으로 찾고, 블로그에 표현된 여러 예시도 본다. 이럴 때 쓰는 단어구나 알고 지나간다. 처음 보는 단어는 여러 번 반복해야 내 것이 된다. 같은 단어를 다른 책에서 찾는 경우도 허다하다. 이렇게 단어를 찾다 보면 깊이 있게 책을 보는 습관이 생긴다. 아직 고전이나 철학 책은 어렵다. 많은 단어를 찾아야 한다. 그래도 찾는 노력이 더 나은 표현으로 세상에 나올 수 있으리라 믿는다. 내가 표현하고 싶은 말을 단어 하나로 떡하니 표현해놓은 문장을 발견하면 명쾌하다. 부연 설명이 필요 없다.

나는 아직 글 쓰는 사람으로 습관이 잡히지는 않았다. 하지만 글 쓰는 사람인 것처럼 생각하고, 글 쓰는 사람처럼 강의를 듣고, 그들과 어울리는 작가가 되고자 노력한다. 포기하지 않고 글을 쓰기 위한 시간과 방법을 찾아 성장하는 중이다. 어떤 사람이 되고자 간절히 원할 때 강한 의지가 생긴다. 노력과 정성을 다한다. 간절히 원하는 게 있다면, 행동이라는 씨앗을 뿌려보자. 나는 오늘도 글쓰기 강의를 듣는다. '오늘 하루 뭐 했습니까?'라는 질문에 답하며 주제를 찾는다.

내 것에 집중하라

— 정은정

부모는 아이를 낳음과 동시에 바른 생활 전도사가 된다. 이부자리 정리, 독서, 손 씻기, 인사 예절, 식사 예절. 나 또한 마찬가지였다. 공부하는 습관을 들이는 게 중요하대서 아이를 매일 책상 앞에 앉혔다. 칭찬 스티커 판을 벽에 붙이고 문제집을 풀 때마다 스티커를 붙이며 습관을 들이기 위해 노력했다. 그렇게 공들여 키운 아이는 공부에 손을 놓았다. 식사 예절 따위는 잊은 채 허겁지겁 여기저기 흘리며 식사한다. 왜 좋은 습관을 몸에 익히지 못했을까? 이유는 아이가 필요성을 느끼지 못했기 때문이다.

좋은 습관을 들이기 위해서는 첫째, 내가 필요로 하고 원하는 것을 목표로 세워야 한다. 고등학교에 입학하면서 방송반에 들어갔다. 음향 기계가 신기했고 방송 녹음하는 것도 재미있었다. 머릿속은 온통 방송반 활동으로 가득 찼다. 중간, 기말고사 두 번의 시험을 치고 성적표를 받았다. 반에서 54등. 충격이었다. 고등학교 입학 시험에서 200점 만점에 196점을 맞아 전교 석차 3등으로 입학했는데 6개월 만에 반에서 54등이라니. 상상할 수 없는 성적이었다.

담임 선생님은 성적이 오르지 않으면 방송반 활동을 할 수 없다고 했다. 방송반도 성적도 포기할 수 없었다. 반 석차 5등을 목표로 공부를 시작했다. 아침 7시에 등교해서 예습을 하고, 쉬는 시간과 점심시간에는 영어 단어를 외웠다. 자정까지 학교에 남아 그날 배운 것을 복습하고 문제집을 풀었다. 힘주어 펜을 잡고 글을 쓰다 보니 손목이 욱신거렸다. 교과서를 읽어도 중심 문장이 눈에 들어오지 않았다. 어떤 날은 집중이 잘돼서 진도가 쭉쭉 나갔지만, 어떤 날은 글자가 눈앞에 둥둥 떠다니고 시간이 더디게 갔다. 그래도 했다. 밥 먹고 화장실 가고 잠자는 것처럼 그냥 묵묵히 했다. 그렇게 공부 습관을 몸에 익혔다. 성적은 올랐고, 졸업할 때까지 방송반 활동도 할 수 있었다.

평소 하지 않던 행동을 습관으로 만드는 데는 인고의 시간이 필요하다. 이때 목표가 있다면 포기하지 않고 꾸준히 할 수 있다. 내가 필요로 하고 원하는 것을 목표로 하자. 목표를 떠올리며 매일 의지를 북돋우자. 습관이 되어 더 이상 힘들일 필요가 없어질 때까지. 그래야 좋은 습관이 내 것이 된다.

둘째, 목표를 잘게 쪼개야 한다. 습관이 되게 하려면 목표를 공언하는 것에서 그치지 않고 반드시 행동으로 옮겨야 한다. 행동이 습

인생은 습관이 전부다

관이 되는 데는 시간이 걸린다. 힘들고 지루한 시간을 버티기 위해서는 자주 성취감을 느껴야 한다. 성취감은 목적한 바를 이루었을 때 드는 기분이다. 자신에 대한 만족감이나 행복감일 수도 있고 뿌듯함과 일맥상통하기도 한다. 성취감은 계속할 수 있게 하는 힘이다. 큰 목표를 세우고 이를 위한 세부 목표를 세우자. 목표는 잘게 쪼갤수록 좋다. 그리고 실천을 통해 자주 성취감을 느끼자.

7살과 3살 된 두 아이를 키우면서 보건교사를 꿈꿨다. 목표는 '임용고시 합격'이었다. 강사의 강의 계획을 참고해서 1년 치 공부 계획을 세웠다. 이론 정리, 기출문제 풀이, 모의고사 이런 식이다. 1년이라는 시간은 생각보다 길었다. 4월이 되니 따뜻해진 날씨처럼 내 마음도 긴장감 없이 편안해졌다. 그저 그런 수험생 생활에 익숙해져 어제가 오늘 같고 오늘이 내일 같은 하루하루를 보냈다. 대학교 졸업 후 처음으로 공부해서 그런지 의자에 궁둥이를 붙이고 앉아 있는 것부터가 고역이었다.

공부 계획을 다시 세웠다. '임용고시 합격'을 큰 목표로 하고 분기, 월, 주, 하루, 시간별로 세부 목표를 세웠다. 예를 들면 분기별 목표는 1분기에 이론서 요약정리, 월별 목표는 4월에 성인간호학, 주간 목표는 1주 차에 1부 위장관 장애, 하루 목표는 1일에 1부-1장 위암, 시간별 목표는 9시에 1부-1장-1차 위암의 원인과 예방 이런 식이다.

공부도 습관이다. 매일 책상 앞에 앉아 있는 습관, 책을 펴는 습관, 볼펜을 손에 들고 줄 긋고 노트에 정리하는 습관. 그런 습관들이 하나둘 쌓여 시험장에서 빛을 발하게 된다. 만약 세부 목표 없이 '임용고시 합격'이라는 큰 목표만 두고 공부했다면 수험생활을 버텨낼 수 없었을 것이다. 내게는 놀아달라며 매달리는 예쁜 두 아이와 살림할 시간이 없어 엉망진창이 된 집처럼 공부를 그만두게 할 요인이 많았기 때문이다. 매일 세부 목표를 이뤄냈다. 기쁘고 뿌듯했다. 할 수 있다는 확신이 있었다. 그리고 합격했다.

성공을 위한 도전에는 넘기 힘든 파도가 넘실거릴 수도 있다. 그래도 포기하지 않고 나가야 한다. 그래야 목표에 도달할 수 있다. 역경을 이겨내고 포기하지 않기 위해 매일 성취감을 느끼자. 잘게 쪼개진 작은 목표는 좋은 습관을 만드는 힘이다.

셋째, 할 수 있는 만큼 도전하자. 한 번에 소화시킬 수 있는 양은 사람마다 다르다. 한 끼에 밥을 열 공기나 먹는 먹방 유튜버가 있다. 하지만 누구나 그렇게 먹을 수 있는 것은 아니다. 자신에게 맞는 정량이 있다. 습관을 들일 때도 마찬가지다. 체하지 않게 할 수 있는 만큼 하나씩 도전하자.

나는 먹기 좋아하고 움직이기 싫어해서 비만에 가까운 과체중이었다. 어느 날 수업 평가를 받기 위해 동영상을 찍었다. 평가 점수는 좋았지만 충격을 받았다. 툭 치면 떼굴떼굴 굴러갈 것 같은 둥글둥글한 나를 보았기 때문이다. 내 모습이 저렇다니. 살을 빼고 싶었다. '프리사이즈'라는 말에 속아 옷을 샀다가 맞지 않아서 버린 게 여러 벌이었다. 이참에 제대로 살을 빼보자고 다짐했다.

다이어트는 식이조절이 반이라고 했다. 탄수화물 대신 단백질을

인생은 습관이 전부다

먹어야 한다며 닭가슴살을 냉장고에 쑤셔 박아야 할 만큼 왕창 샀다. 운동 계획도 세웠다. 유산소 운동으로 자전거를 한 시간 타고 근력 운동으로 윗몸 일으키기와 스쾃(squat), 런지(lunge)를 15개씩 3세트 하자. 플랭크(plank)도 2분 동안 하자. 계획은 거창했지만 실천은 일주일을 넘기지 못했다. 사흘 만에 닭가슴살은 쳐다보지도 않고 밀가루 범벅인 떡볶이와 쫄면, 짜장면과 짬뽕을 마구 먹었다. 족발과 피자로 야식까지 야무지게 챙겨 먹었다. 몰아치듯 진행한 과한 운동 때문에 온몸이 근육통으로 아파 웃는 것도 힘들었다.

무리한 계획이 문제다. 욕심을 줄이고 천천히 긴 호흡으로 접근하자. 식단은 평소와 같게 구성하되 두어 숟가락씩 적게 먹기 시작했다. 한 달이 지나니 적게 먹어도 배가 고프지 않았다. 배도 살짝 들어간 기분이었다. 운동을 시작했다. 처음에는 20분씩 자전거만 탔다. 덜 힘들다고 느낀 시점부터 10분씩 시간을 늘려나갔다. 근력 운동도 하나씩 추가했다.

밥공기에 밥을 두어 숟가락 적게 담거나 자전거 안장에 오르는 것 모두 습관이다. 습관이 몸에 배니 힘들지 않았다. 고통스러운 다이어트가 아니라 매일 몇 그램씩 빠지는 즐거운 다이어트였다. 그렇게 6개월 동안 총 8kg을 감량했고 몇 년째 유지하고 있다. 과유불급(過猶不及), 지나친 것은 미치지 못한 것과 같다는 뜻이다. 습관을 만들 때도 마찬가지다. 욕심을 줄이고 할 수 있는 것부터 하나씩 도전하자. 습관이 되면 힘들지 않고 편안하다. 그렇게 좋은 습관을 지닌 사람이 된다.

성공한 사람의 자서전을 읽는다. '그래, 바로 이거야!' 노트를 꺼내 그들이 말하는 좋은 습관을 써본다. 새벽 기상, 신문 보기, 독서, 달리기, 견과류와 채소 그리고 단백질이 포함된 식단 등. 당장 내일부터 실천하리라. 새벽 5시에 일어나 조간신문을 본다. 어렵다. 달린다. 무릎이 아프다. 채소를 갈아 주스로 만들어 한 모금 마신다. 쓰다. 저녁에는 회식한단다. 삼겹살에 소주 한잔 들이켜며 스트레스를 풀고 싶지만 건강에 좋을 것 같지 않다. 성공한 사람은 자기 관리가 철저하다니 다음을 기약한다. 이런 일상을 얼마나 버틸 수 있을까? 아무리 좋은 습관이라고 해도 내가 원하는 모습이 아니면 내 것이 아니다. 원하는 바를 목표로 하자. 목표를 잘게 쪼개 자주 성취감을 느끼며 버텨내자. 할 수 있을 만큼 하나씩 해내자. 그것이 좋은 습관을 만드는 가장 효과적인 방법이다.

인생은 습관이 전부다

자기 자신에게 친절하게 대하는 습관

— 조보라

이번에는 작심삼일로 끝내지 않으리. 매년 새해가 되면 굳은 결심을 한다.

'책 100권 읽기, 다이어트 10kg' 목표를 적는다. 매년 새해 계획에 빠짐없이 등장하는 책 읽기와 다이어트. 지키지도 못하면서 항상 빼놓지 않고 목표에 포함시킨다.

왜 나는 지키지도 못할 약속을 매번 하는 걸까? 그동안 목표를 세우고 실패를 반복해왔다. 목표를 세운다는 것은 한 해를 의미 있게 보내고 싶은 마음의 표현이다. 나를 더 성장시키고, 행복하게 할 목적으로 세우지만 실행하지 않으니 결국 자신을 구박하는 용도로 사용한다. '너는 왜 그것밖에 못 하니? 언제 잘할 거니?'라며 나를 몰아세우고 채근한다.

머칠 전 뷔페에 갔다. 초밥, 샐러드, 고기 한 접시씩 세 접시 음식을 먹었다. 네 번째 음식을 담으러 가는 길, 마음속에서 '너 지금 뱃살이 그렇게 있는데 또 먹으려고?' 구박의 말이 들려온다. 드라마를 보다가 세 시간이 훌쩍 지나갔다. 재밌다고 낄낄거릴 때는 언제고, 시간 낭비했다며 한심스럽게 여긴다. 일 마치고 집에 돌아오면 시간이 없다는 핑계로 아이들에게 냉동식품 위주의 저녁을 자주 주게된다. 아이가 아프면 아이를 잘 돌보지 못해서 아픈 건가 하며 내 탓으로 돌리게 된다. 엄마로서의 자질이 턱없이 부족한 것은 아닐까 걱정하며 자책하기도 한다. 일이 많아 야근할 때면 언제까지 이렇게 일해야 하는 걸까 스스로 미련스럽게 여기기도 했다.

당신은 어떤 말을 자주 하고 있는가? 그 말이 내 몸과 마음에 차곡차곡 쌓여간다. 자신에게 부정적인 말을 수시로 하였다면, 나 자신을 부정적인 것으로 가득 채우고 있는 것과 다름없다. 나는 결심했다. 나를 소중히 여기기로 말이다.

이번 새해 계획으로 새로운 목표를 세워보았다. 바로 '자기 자신에게 친절하게 대하는 습관 만들기'다. 친절은 대하는 태도가 정겹고 부드럽다는 의미다. 다른 사람에게는 친절하게 말하고 친절하게 대하려고 노력하면서 정작 나 자신에게는 얼마만큼 친절하게 대하고 있었을까. 자신에게 인색할 때가 많았다. 엄격한 잣대를 들이대면서 말이다.

다른 사람이 친절하게, 다정하게 대해주기만을 기다리지 말자. 그 주도권을 내가 가져가면 된다. 나 자신을 내가 먼저 소중하게 대하지 않는다면 누가 나를 소중하게 여기겠는가. 나에게 친절하게 대하는 것은 언제든 가능하다. 누가 해주기만을 기다리지 말고 스스로 시작할 수 있다. 일상에서 실천해본 부분, 네 가지 방법을 소개하고자 한다.

첫 번째, 자신에게 미소 짓는 습관이다. 아침에 일어나 세수하며 거울을 본다. 비몽사몽, 부스스한 얼굴이다. 거울을 보며 미소 지어 본다. 3초면 된다. 매일 아침 미소라는 선물을 받는 기분. 미소는 하루를 시작하는 비타민이다.

어떤 사람이 나를 보자마자 찌푸린 얼굴을 하고 있다면 기분이 어떤가? 하루 시작, 처음 만나는 사람이 바로 자기 자신이라는 것을 기억하라. 자기 자신에게 찌푸린 얼굴보다는 웃는 얼굴을 선물할 수 있기를, 미소 지으며 자기 자신을 따뜻하게 바라보기를 바란다.

두 번째, 식사 메뉴를 고를 때 먹고 싶은 것을 선택해본다. 함께 식사하러 가는 사람이 뭐 먹고 싶냐고 물을 때면, 보통 "아무거나"라고 말했다. 다른 대답으로는 "다 좋아"라고 말했다. 이제 나는 "김치찌개 먹고 싶어", "떡볶이 먹으러 가자"와 같이 내 욕구를 표현하기 시작했다. 단순히 허기진 배를 채우는 것을 넘어서서 나의 필요와 욕구를 인식하는 시작이 되었다. 다른 사람에게 내 생각과 원하는 바를 표현할 기회로 삼기도 한다. 무슨 음식을 좋아하는지, 오늘 나에게 필요한 음식이 무엇인지 아는 것은 자신을 위하는 작은 습관이다. 무엇을 좋아하는지, 무엇을 먹고 싶은지, 아주 사소한 결정에서 자신의 마음과 생각을 표현해볼 수 있기를 바란다.

인생은 선택할 수 없는 일의 연속이고 통제 밖일 때가 많다. 작은 것이라도 선택해보는 경험은 인생에서 주도성을 갖도록 도와주는 연습이 될 수 있다. 자신의 선택을 존중하는 경험을 해보기를 바란다. 일상 속에서 메뉴 정하는 작은 경험이 쌓이면 중요한 일을 결정할 힘도 생기지 않을까?

세 번째, 하루를 마치고 누웠을 때 수고한 머리, 팔과 손, 다리와 발에 고마움을 표현한다. 손과 발의 수고를 당연하게 여길 때가 얼마나 많은가. 가령 팔이 부러졌을 때, 팔이 해오던 수고를 그제야 인식하게 된다.

양손을 X 자로 하여 가슴에 포갠다. 토닥토닥 두드린다. '수고했어, 애썼어.' 자신에게 위로를 건네보자. 누구보다 수고하고 애쓰고 있다고, 내가 그 힘듦을 잘 안다고! 누군가 나의 수고를 알아줄 때 얼마나 큰 위로가 되는가. 마음에 위로와 평안이 채워질 것이다.

네 번째, 실수할 때는 "그럴 수도 있지"라고 말해본다. '실수하지 말아야 해, 실수는 안 돼'라고 생각할수록 긴장해서 온몸이 뻣뻣해진다. 그러다 보면 더 실수하기 쉽다.

초보운전자인 나는 아직도 운전이 서툴다. 주차하려면 식은땀이 나고 비보호 좌회전 신호 앞에서는 긴장 상태가 된다. 며칠 전에도 주차하다가 우측 범퍼를 돌 벽에 긁었다. 사람과 부딪히거나 차와 부딪히지 않은 것이 그나마 다행이다. 하지만 이런 실수를 하고 나면 자신을 자책하기 시작한다. '무슨 운전을 하겠다고, 그냥 관둬라'라는 마음속 이야기가 들린다. 운전을 포기할 것인가? 실수해도 괜찮다고 생각하고 계속 운전할 것인가? 심호흡을 크게 한다. '운전하다 보면 사고가 날 수도 있지. 조심해야 하지만 내 마음대로 되는 건 아니니까' 하며 마음을 다독여본다.

인생을 살면서 한 번도 실수하지 않을 수는 없다. 실수한다는 것을 무언가 시도하고 있다는 증거라고 생각해보면 어떨까.

우리는 여러 역할을 감당하며 살고 있다. 그 역할을 잘 해내기 위해 애쓰고 노력하고 있지만 그 역할을 수행하고 있는 자기 자신은 돌보지 못할 때가 많다. 자신에게 친절하게 대하는 습관은 자신을 소중하게 여기는 비결이다. 일상을 살아갈 원동력이 된다. 역경이 왔을 때 견뎌낼 힘을 마련해준다. 어려운 일이 생길 때 무너지지 않고 앞으로 나아가게 할 것이다. 당신은 자신에게 친절하기 위해 어떤 것을 시도해보고 싶은가? 당신도 자신만의 비결을 발견하면 좋겠다.

"오늘도 수고했어, 진짜 애썼다." 자기 자신에게 따뜻한 위로를 보낸다.

의식하면 바꿀 수 있다

— 홍지연

2022년 여름, 헬스장에 다니며 운동을 했다. 운동 후 샤워를 하던 중 문득 바구니에 담긴 샤워 용품을 보니 뭔가 아이러니하단 생각이 들었다. '내 건강 위해 운동을 하러 왔는데 지구 건강은 어떡하지?'라는 생각을 하게 됐다. 내가 바뀌는 시간인 '내바시'라는 새벽 기상 온라인 모임에 참여하며 계획에도 없던 자격증 시험도 보게 됐다. 그중에 하나가 '그린플루언서(그린과 인플루언서를 합친 신조어. 친환경 브랜드를 주변에 소개하면서 새로운 시장 트렌드를 이끄는 소비자)'였다. 코로나19를 겪으며 환경에 대한 경각심을 갖게 됐고, 강의를 듣다 보니 미세 플라스틱 문제가 심각하다는 것도 알게 됐다. 환경 관련 인스타그램 계정들을 팔로우하면서 많은 정보도 알게 됐다. 한살림 조합에도 가입하고 이용했다. 왠지 좀 더 가치 있는 소비를 하는

인생은 습관이 전부다

느낌이 들었다. 물론 많은 부분들이 바뀐 것은 아니다. 자주 접하는 것들만 조금씩 바꿔보려고 노력하는 과정 정도다.

10년 전쯤에도 비누로 머리를 감으려고 시도했다가 너무 뻣뻣해서 그냥 쓰던 대로 썼다. 명절 선물로 받은 샴푸, 린스도 쌓여 있으니 이걸 다 쓰고 난 후 바꿔야겠단 생각이 들었다. 지역 환경축제에서 비누로 되어 있는 샴푸바를 접하게 됐는데 거품도 잘 나고 머리카락도 뻣뻣해지지 않아 쉽게 갈아타게 됐다. 비누의 기능도 좋아졌고 환경적인 측면에서도 나은 것 같아서 좀 더 공부해보고 싶어졌다. 비누 만드는 과정을 배우다 보니 합성계면활성제의 문제점을 알게 됐다. 첫째, 액상 샴푸에 많다고 하는 이 합성계면활성제는 하수에서 생분해되지 않아 수질을 오염시키고 생태계를 파괴시킨다. 둘째, 몸에 침투하는 흡수율이 높다. 두피 3.5배, 겨드랑이 3.6배, 여성생식기 42배다. 셋째, 합성계면활성제의 잔여물이 피부 모공을 막아 가려움을 유발한다. 넷째, 강한 세척력으로 피부건조증을 유발한다. 이상은 IAA 국제아로마테라피협회 교재에 나온 내용이다.

웬만하면 텀블러를 가지고 다니고 장바구니를 들고 다니려는 습관 외에 할 수 있는 게 뭘지 생각해보게 됐다. 그맘때 아이도 학교에서 환경 관련 체험학습을 하고 고체 치약과 대나무 칫솔도 받아 왔다. 아이가 학교에서 배우는 걸 비슷하게 배우고 있으니 대화도 수월했다. 하지만 아는 것과 실천하는 것 사이에 간극이 크다는 걸 집에서 나오는 쓰레기를 비우면서 되돌아보게 됐다. 분리수거장에서 쓰레기를 버릴 때 보면 왜 이리 분리수거할 것들이 많은 건지, 비울 때마다 괜히 뜨끔하다. 복숭아를 감싸고 있던 망은 재활용이 안 되고 일반 쓰레기로 버려야 한다. 하지만 분리수거장을 보면 그런 망들이 스티로폼 수거함 안에 들어가 있는 것을 볼 수 있다.

매일 사용하는 치약이 담겨 있는 튜브도 재활용이 안 된다는 사실을 뒤늦게 인식하게 됐다. 그러다 보니 받아 온 고체 치약이 신기하고 기발하게 느껴졌다. 하지만 한 번도 써본 적이 없어서 거부감이 들어 한참을 안 썼다. 쓰던 치약을 다 쓴 후 눈에 거슬리던 고체 치약을 에라 모르겠다, 한번 써보자 하는 마음으로 씹고 칫솔질을 해봤다. 처음엔 치약을 씹는다는 행위 자체가 이상했는데 거품도 잘 나고 뒤끝도 깔끔하게 느껴져 계속 쓰게 됐다. 그 후 제로 웨이스트 숍에서 판매하는 샴푸바와 고체 치약을 접하며 갈아타고 있는 중이다.

오늘은 처음으로 천연 수세미를 샀다. 저런 걸 어떻게 수세미로 쓰지? 별것도 아닌 것 같지만 나름 용기가 필요한 일이었다. 부드러운 아크릴 실로 짠 수세미가 그동안 알고 있던, 사용해왔던 수세미다. 낯선 천연 수세미를 구입해서 쓴다는 것, 이것도 참 습관의 힘 같다는 생각이 든다. 이런 걸 사용하는 것도 길게 보면 좋은 습관일 것이다. 천연 통 수세미를 가위로 잘라 비누 받침대로 쓰고, 일부분은 설거지용으로, 나머지 부분은 텀블러 닦는 용도로 나눴다. 직접 만든 주방 비누를 묻혀 설거지를 하는데 수세미 재질이 여전히 재미있다.

그린플루언서 자격 시험에서 실기점수에 포함되는 게 환경 관련 인스타그램 계정을 팔로우하는 것과 환경단체에서 하는 캠페인을 리그램하며 정보를 공유하는 일이었다. FSC 인증이 있는 착한 기업의 제품을 소비하는 모습을 올리는 것도 과제였다. FSC 인증이란 산림자원을 보호하고 지속 가능한 산림경영을 확산하기 위해 설립된 국제 NGO인 산림 관리협의회(Forest Stewardship Council, 이하 FSC)에서 구축한 산림경영 인증 시스템이다. 책『두 번째 지구는 없다』에 보면, FSC 인증 종이를 사용하면 합법적으로 벌목하고 다시 나무를 심어 내가 구입한 만큼의 숲이 보전되기 때문에 환경 파괴를 최소화할 수 있다고 한다. 제로 웨이스트를 적극적으로 실천하는 분들을 본받아 나는 아주 조금씩 알아가며 배우는 중이다.

쉽고 작은 습관도 지키지 못하는 경우가 많다. 늘 계획처럼 살아갈 수도 없지만 계획이 틀어져도 다시 수정해서 하면 그만이다. 물건이든 시간이든 실패에 자책하지 말자. 중요한 건 언제든지 다시 습관을 이어갈 수 있다는 것이다. 그것만 잘 기억해도 충분하지 않을까.

'뭐지? 뭐지?' 하며 호기심에 계속 수업을 들었다. 이은대 작가의 글쓰기 수업은 평생 무료 재수강이라 다시 들어도 부담 없고 재미도 있다. 그러다 공저 프로젝트를 한다는 말에 왜 혹했는지 신청을 했다가 어쩌다 내 글이 책으로 나온 경험이 있다. 내가 왜 이렇게 썼던 거지? 책임지지 못한 문장들 때문에 내내 마음이 쓰이기도 했다. 내가 듣고 싶은 말과 하고 싶은 말을 책 속에서 찾는다. 건질 만한 좋은 문장은 아직 생각이 덜 익어서 그런지 잘 떠오르지 않는다. '나는 왜 이것을 하고 싶은가?' 오늘 만난 문장 속 질문으로 대신 답해본다.

4장

습관 지속의 열쇠

이제는 꿈이 있기에

— 김윤정

함안의 소크라테스, 내가 되고 싶은 꿈이다. 20대에 결혼을 했다. 30대는 육아로 정신없는 날을 보냈다. 그리고 40대가 되었다. 경력 단절여성이라는 글자 앞에서 앞으로 내가 무엇을 할 수 있을까 막막하기만 했다. 이름 석 자도 잊어버린 채 하루하루를 버텼다는 말이 맞을지 모른다. 진정 원하는 삶이 이런 것이었나 하는 회의감이 들었다. 현수막에 걸린 광고를 보고 운동을 시작했지만 얼마 되지 않아 중단했다. 수채화, 캘리그라피, 재봉틀로 옷 만들기, 요가 등도 마찬가지다. 시작은 쉬웠고 포기하는 건 더 쉬웠다. 내가 할 수 있는 것은 아무것도 없었다. 고개는 점점 아래로 내려갔고, 목소리는 작아졌다. 사람 만나는 것도 무서웠다.

우연히 경상남도 유아교육원에서 개최하는 책사랑 가족대회 안

내문을 보았다. 학부모들을 대상으로 하는 이 대회는 그림책을 읽고 독후감을 제출하면 되는 것이다. 도서관 어린이 자료실에 있는 책장을 손으로 훑고 지나갔다. 어린 시절 크레파스 하나 들고 마을 담벼락을 쭉 그어서 간 기억이 떠올랐다. 그림책은 개구쟁이, 말괄량이였던 시절로 나를 되돌려놓았다.

『부엌할머니』라는 제목이 보였다. 손끝을 멈추었다. 조왕신에 대한 그림책이다. 내가 어렸을 때는 부엌을 정지라고 더 많이 불렀다. 할머니는 아궁이에 군불을 지펴서 밥을 하고 방을 데웠다. 생일마다 미역국에 나물 반찬과 조기를 부뚜막에 올려놓고 두 손을 비비며 조왕신을 불렀다. 부엌에 살고 있다는 이 신이 집안의 길흉화복을 정해준다고 믿었다. 내가 수학여행 가는 날 아침에는 할머니가 정화수를 부뚜막 위에 떠놓고 안전하게 다녀오게 해달라고 빌었다. 흑백이었던 추억들에 색깔이 입혀졌다. 천천히 써 내려가다 보니 어느새 종이를 꽉 채웠다. 추운 겨울, 밖에서 놀다가 오면 아궁이로 달려가 손을 쬐곤 했던 따스함이 다시 느껴졌다. 나는 대회에서 장려상을 받았다. 이 종이 한 장이 어떤 상황을 불러일으킬지 그때는 몰랐다.

사회적 협동조합 아시랑(함안의 옛 지명이자 아라가야의 역사를 연구 조사하는 단체)에서 함안군 마을 역사와 지명에 관련된 책을 편찬한다고 했다. 나에게 참여해볼 생각이 없냐는 제의가 들어왔다. 우리 아이가 뿌리내리며 고향이라고 부를 곳, 함안이라는 고장에 자부심을 느끼게 해주고 싶었다. 2019년부터 2022년까지 총 4년에 걸쳐 책이 완성되었다. 그중 2년을 조사위원으로 참여했다. 257개 마을을 방문했다. 주민들을 만나 이야기를 자세히 들었다. 하루에 만 보 이상을 걸었다. 때로는 이만 보를 넘기도 했다. 폭우가 아닌 이상 무조건 밖으로 나갔다. 7,000여 개의 지명을 찾아냈다. 지도에 하나씩 숫자로 다 표시했다. 고갯길을 찾아서 산으로 올라갔고, 통일신라 시대에서 고려 시대에 이르는 절터 흔적을 찾아내어 발굴에 도움을 주기도 했다. 한자를 잘 몰라 옥편을 찾아가며 일제강점기 시절에 남긴 기록들을 발견했다. 『함안군, 우리 마을 땅이름』. 이 책은 우리집 책장에서 제일 잘 보이는 곳에 꽂아두었다. 과정이 힘들긴 했지만 결과는 대만족이다.

이야기를 듣고 글 쓰는 작업을 하다 보니, 내가 조사하면서 모은 자료들을 동화책으로 만들고 싶다는 꿈이 생겼다. 나는 그림책에서 어린 시절 할머니 기억을 떠올렸다. 내가 만든 동화를 통하여 옛날 어른들과 요즘 아이들이 함께 추억을 공유할 수 있는, 그런 따뜻한 이야기를 쓰고 싶었다. 상장이라는 종이 한 장과 정성이 담긴 『함안군, 우리 마을 땅이름』 책을 나란히 두었다. 할 수 있다는 응원의 박수가 들리는 듯하다. 블로그에 '다시 쓰는 함안의 전설'이라는 카테고리를 만들었다. 서툴지만 내가 수집한 자료부터 하나씩 정리해보려고 한다. 책장 제일 위에 내가 쓴 동화책이 쭉 나열되어 있는 상상을 하면서 말이다.

시작과 포기는 누구나 다 겪는 일이다. 나는 이제 새로운 미래를 그릴 수 있는 용기와 희망이 있기에 덥석 시작하고 포기하는 횟수가 줄었다. 이제는 장애물이 있어도 부정적으로 생각하기보다는 일단 부딪쳐본다. 하고 싶은 일이 생겼을 뿐인데 마음가짐이 이렇게 달라졌다. 경단녀라는 꼬리표를 떼고 다시 사회생활을 시작했다. 허둥지둥하는 모습도 내 동화 속에 포함할 소중한 경험이고 이야기에 들어갈 소재다. 미술 활동 중에 스크래치 기법이 있다. 시꺼먼 도화지를 뾰족한 물건으로 긁으면 숨겨져 있던 알록달록 색깔들이 나타난다. 그동안 세상은 막막하게만 보였던 검은색이었다. 넘어지기도 하고, 울기도 많이 울었다. 검은색으로 칠해진 도화지에 무지갯빛이 나타나는 스크래치 기법처럼 세상을 바라보는 시선에 색을 조금씩 입힌다.

다음 세 가지를 꼭 기억하기로 했다. 혹시나 방향을 잃어 주저앉게 될 때 꺼내는 나침반과 같다.

첫째, 구체적인 목표를 설정하면 습관을 지속하는 데 동기부여가 된다. 나는 수집한 자료로 이야기를 만들고 싶다는 꿈이 생겼다. 피곤해도 글쓰기 수업을 듣는다. 자료를 모아 정리한다. 어떤 습관이 필요한지 파악하고, 행동이 몸에 배도록 노력한다. 이것이 바로 꾸준함으로 이어진다.

둘째, 긍정적인 사고방식을 취한다. 꿈이 있다고 해서 행동이 저절로 형성되는 것은 아니다. 긍정적인 태도로 자신을 격려하는 것이 중요하다. 다시 시작한 사회생활은 힘들다. 이제는 어려움을 글로 써 푼다. 내 동화책 속 한 장면이 될 상상을 하면서 말이다. 새로운 미래를 그리는 용기와 희망을 얻는다.

셋째, 작은 성취를 계속 상기시킬 수 있는 지지를 받는 것도 좋다. 지금은 같이 글을 배우는 사람들과 유대감을 형성하고 격려를 받는다. 블로그 이웃들과 소통하며 힘을 얻기도 한다.

삶이라는 도화지에 새로운 시작과 변화를 그려가는 내 모습을 스크래치하기 시작했다. 숨겨져 있는 색깔들이 나타나는 중이다. 포기와 두려움은 이제 뒤로하고, 새로운 꿈을 향해 도전하며 나아간다. 함안의 소크라테스, 내가 되고 싶은 꿈이다.

인생은 습관이 전부다

애쓰지 않고 계속하는 힘

— 김효진

하루를 마치고 잠들기 전 책상에 앉는다. 출력해놓은 A4 용지를 꺼낸다. '하루 계획표'에는 24줄의 빈칸이 있다. 0시부터 5시까지는 잠자는 시간이니까 빈칸, 6시 기상을 시작으로 아침 기도, 필사, 독서, 아침 준비, 애들 학교 보내기, 청소, 운동, SNS, 그림 공부, 영어 공부, 낮잠, 장보기, 저녁 준비, 식사, 청소, 글쓰기 강의, 저녁 기도 등 빈칸마다 할 일을 빼곡히 적는다. 한 칸에 할 일이 둘씩 있기도 하다. 내일 할 일을 손으로 쓰자니 글씨가 맘에 안 든다. 매일 거의 같은 일을 하는데 일일이 손으로 쓰자니 귀찮다. 계획을 실행하는 것도 힘든 마당에 계획표 쓰는 것부터 문제다. 하기 싫다는 생각이 든다. 손에 들고 한참을 바라보다 하루 계획표를 구겨 쓰레기통에 버렸다.

꾸준히 실천하지 못했다. 왜 그럴까? 처음 습관을 들일 때는 의지와 노력이 나를 움직이게 했다. 조금 익숙해지면서 의지와 노력은 줄어들기 시작한다. 습관이 형성되기 시작하면 애쓰지 않고도 자동으로 실행하게 된다. 그러나 습관을 원하는 목표까지 유지하는 데는 꾸준함이 필요하다. 준비하거나 해야 할 것이 많아지면 하기 싫고 귀찮다는 생각이 들게 마련이다. 이러한 생각에 휘둘리지 않고 만들어진 습관을 지속하고 싶다. 애쓰지 않고 계속하는 힘을 기르는 세 가지 방법을 소개한다.

첫째, 내가 편한 게 최고다. 습관을 만들 때는 기록하는 것이 중요하다는 말을 많이 들었다. 기록을 꼼꼼하게 잘하지 못한다. 악필이라 글씨 쓰고 체크하는 것에 부담을 느꼈다. 예쁘게 하고 싶은데 그렇지 못하니 글씨 쓸 때마다 불만이다. 금방 지칠 거라며 부정적인 생각을 했다. 계획하고 기록하는 것도 해봤지만 스트레스를 받았다. 마음이 힘들었으니까. 그래서 지금처럼 자기 계발이 한창인 때에 쉽고 편하게 할 수 있는 방법이 없는지 찾았다. 수많은 스마트폰 앱 중에서 '마이 루틴'을 이용했다. 리스트를 작성한 후 실천한다. 바탕화면 위젯에서 클릭 한 번으로 결과를 체크하면 된다. 준비에 드는 시간과 노력을 실천하는 데 쓴다.

둘째, 먼저 실행하고, 완벽하지 않아도 괜찮다. 새로운 습관을 만들기로 결심하면 의심하고 걱정하는 순간이 온다. '내가 이 모든 것들을 할 수 있을까'라는 생각이 나의 행동을 가로막는다. 실행해봐야 안다. 많은 습관은 생각보다 간단하고 쉽게 실천할 수 있다는

인생은 습관이 전부다

것을. 오히려 '이렇게 간단한 일이었어?'라고 놀랄 정도다. 간단한 습관들이 모여서 나를 깨어나게 하고, 행복하게 만들어주며, 건강하게 변화시켜줄 수 있다. 중요한 건 모든 습관을 완벽하게 실행하는 것이 아니다. 먼저 실행하고 완벽하지 않아도 괜찮다고 말해줄 수 있어야 한다. 습관을 만들고 유지하는 동안 성공만 하는 것은 아니다. 실패를 성공하는 과정으로 받아들여야 한다. 더 나은 방향으로 수정할 수 있게 해주는 선물임을 기억한다면 모든 실패도 감사하다.

셋째, '하기 싫다'라는 생각을 조심한다. 습관적으로 올라오는 '하기 싫다'라는 생각이 이미 만들어진 습관을 쉽게 무너뜨린다. 습관적인 생각이 나쁜 것은 아니다. 이런 생각이 '새로운 습관을 만들기 전에 있던 행동'으로 되돌아가게 하는 역할을 한다는 것이다. 나도 여러 번 경험했다. 운동 습관을 만들려고 했다. 어느 날 '오늘은 운동 안 할 거야'라는 생각이 먼저 들 수 있다. 이러한 생각이 자연스럽게 발생하면, 오늘 하루정도는 운동 안 해도 괜찮겠다는 생각이 들게 되고 다음 날도 운동을 하지 않게 된다. 그럼 어떻게 해야 하는가? '오늘 하기 싫다. 안 할 거야'라는 마음이 생길 때 바로 생각 전환을 해야 한다. '오늘 이 운동은 하기 싫다고? 그래, 좀 지겨운 참이었지. 그럼 밖에 나가서 걷기를 해볼까? 줄넘기를 해볼까?' 하고, 하기 싫은 마음도 알아주면서 나에게 다른 운동을 할 수 있는 선택권을 주도록 한다. 뇌는 선택 권유를 받았으므로 선택해야 한다. '할까, 말까'에서 '걷기, 줄넘기'로 선택지를 바꾸었으니 둘 중 하나는 실행할 확률이 높다.

　습관을 지속하기는 어렵다. 우리는 매일 바쁘게 일상을 살아가며, 그 안에서 습관을 유지하는 것이 얼마나 중요한지 잊기 쉽다. 내가 지금 가지고 있는 체력과 에너지가 충분한지, 무슨 일 때문에 몸과 마음이 집중하기 힘든지 확인해봐야 한다. 무작정 힘겹게 해내라고 자신을 몰아붙이면, 누구나 지치고 재미없고 하기 싫어질 수 있다. 나를 돌아보면서 만들어낸 습관들은 더욱 단단하게 굳어진다. 실천할 수 없을 때조차 내가 나를 믿는다. 다시 실천할 때까지 나를 기다려준 것만으로도 긍정적인 에너지가 쌓인다. 나 자신을 믿는 힘은 강하다.

　애쓰지 않고도 계속하는 힘을 얻을 수 있다. 그전까지는 나의 노력을 아끼지 않아야 한다. 계속되는 실패에서도 어떻게 하면 목표를 달성할 수 있는지 방법을 찾는다. 포기하기 전에 자신을 소중히 여기고 격려하는 말을 한마디 건네며 힘을 준다. 그 시간이 지나면 무의식적으로 습관적인 행동을 하는 나를 발견하게 된다. 인생에서 중요한 것은 나를 좋은 방향으로 변화시켜나가는 것이다. 우리 마음에는 늘 반대되는 두 가지가 존재한다. 뭔가를 얻으려면 잃는 것이 있다는 사실이다. 스스로 불가능보다는 가능하다는 마음에 무게를 둔다면 무엇이든 할 수 있다는 희망으로 가득 찬다. 오늘도 애쓰지 않고 계속하는 힘을 얻기 위해 실천한다. 실패하고 다시 도전한다.

때려치우고 싶을 때 작은 성공 노트를 쓴다

— 백란현

멈춘다. 하기 싫다. 때려치우고 싶다. 웃음도 사라졌다. 내가 지금 뭐 하고 있는 거지. 지금까지 이어온 습관이 무너진다. 일도 손에 잡히지 않는다. 나도 편하게 살아도 되는데. 휴일엔 남들처럼 돈과 시간 써 가면서 놀면 좋을 텐데. 자기 계발 한다는 이유로 사서 고생하는 기분마저 든다. 내 안에 있었던 성장에 대한 확신도 사라졌다. 자기 계발서를 다시 읽으면 마음을 돌릴 수 있겠지만 이번만큼은 꿍한 마음을 유지하고 싶은지 책도 멀리 던져둔다.

한순간에 의욕이 떨어질 수 있다. 어제까지 좋은 습관을 유지하면서 활력 있게 살았지만 오늘은 기분도 가라앉아버렸다. 그때부터는 잡생각으로 머리도 복잡해진다. 하기 싫다는 부정적인 생각이 꽉 차, 하기 싫은 이유만 나열한다.

한순간 습관이 무너지는 이유는 무엇일까. 눈에 보이는 성과가 바로 나타나지 않는다는 생각 때문이다. 나의 습관 유지가 눈에 보이게 하려면 무엇을 어떻게 해야 할까. 나의 습관이 다른 사람에게도 도움이 되면 보람, 행복, 감사 같은 단어도 마음으로 느낄 수 있을 것 같다. 함께 성장하는 것을 우선순위에 두고 매일 무언가 꾸준히 한다면 돈, 성공, 명예 등의 결과도 따라오지 않을까 생각해본다.

습관을 지속하기 위해 '작은 성공 노트'를 쓴다. 작은 성공 노트에는 2023년 원 워드로 뽑은 '공부'에 대한 계획과 실천 과정도 포함된다. 또한 52장의 '자아 선언문' 카드도 베껴 쓰면서 매일 습관을 지속할 수 있는 마음을 다진다. 노트에 끼적이는 일은 시간이 오래 걸리지 않는다. 노트 작성조차도 야금야금 습관으로 자리매김하는 것 같아 하루 일 중에서 '작은 성공'이라고 이름 붙였다.

'공부' 습관을 유지하기 위해 카톡 프로필에 공부 디데이를 설정했다. 글쓰기, 책 쓰기 코치가 되기 위해 라이팅 코치 양성 과정에 등록했다. 지금까지 해온 공부보다는 분량도 많고 그만큼 공부 시간도 확보해야 한다. 각오를 다진 그날을 1일로 카운트를 시작했다. 월요일 라이팅 코치 양성 과정, 수요일이나 토요일에는 책 쓰기 정규 과정, 목요일에는 퇴고에 대해 배우는 문장 수업, 화요일, 금요일, 일요일에는 초대 특강, 전자책 특강, 독서 모임 등 공부에 도움 되는 일정에 참여한다.

매일 줌 수업 듣는 습관을 들인 지 3년 되었다. 만약 수업 듣는 습관을 갖지 않았다면 유명한 배우가 나오는 드라마를 보거나 느긋

하게 시간을 흘려보냈을 것이다. 줌 수업이 있는 관계로 매일 노트
북을 열어 강의를 듣는다. 습관이 되었다. 강의를 들었다는 사실을
작은 성공 노트에 기록한다. 그리고 블로그에 강의에서 배운 점과
소감을 포스팅한다. 블로그는 가상 공간에 있는 나만의 작은 성공
노트다.

　어느 순간 바쁜 일이 몰릴 때가 있다. 원고도 써야 하고, 못다 한
업무 파일을 집에서 열어볼 때도 있다. 세 자매가 돌아가며 아플 때
도 있고 동료들과의 저녁 식사 스케줄이 잡히기도 한다. 대학원 과
제도 모른 척할 수 없다. 한 달이라도 줌 수업에 접속하지 않고 급
한 일부터 처리해볼까 생각도 해보았다. 초대 특강과 책 쓰기 수업
을 두세 번 결석했다. 그 시간에 다른 일을 해보려고 했으나 줌 수
업을 듣는 습관 때문에 일이 손에 잡히지 않았다. 공부를 하기로 한
목표와, 수업을 듣는 행동은 서로 연결되어 있다. 강의 듣기를 때려
치우고 싶었을 때, 그동안 강의 들을 때마다 내가 작성해 온 노트를
펼친다. 공부하는 습관을 유지한 덕분이고, 노력의 결과물이다.

　시간이 부족하다는 말은 핑계다. 아무리 바빠서 숨도 못 쉰다 해
도 스마트폰도 쳐다봐야 하고 통화도 한다. 커피 한잔 타서 책상 앞
에 앉아 작가 업무를 시작하기 전에 한참 넋 놓고 있을 때도 있다.

　유지하고 있는 습관을 내려놓고 싶을 때 지금까지 성공한 내용을
노트에 적어보자. 줌 강의 메모 노트는 다섯 권도 더 되는 것 같다.
줌 활용, 책 쓰기 수업 결과 블로그 포스팅 개수는 200건이 넘었다.
멈추고 싶을 때 나의 기록물을 읽으면서 한결같은 마음으로 습관

을 유지하고 있다. 해마다 7월과 12월에는 공부를 놓고 싶어졌다. 대학원 계절제 시작이 학교에서의 학기말 성적 처리와 맞물릴 때라서 더 그랬다. 우선순위에 있는 공부를 잠시 미룰 수 있을 거라는 잡생각은 처음부터 하지 않기로 했다. 공부 디데이가 하루씩 늘어날 때마다 기록물도 함께 읽는다. 습관을 막는 벽을 넘는 요령, 바로 작은 '성공 노트'에 있다. 기록이 습관을 유지하도록 돕는다.

'나는 어떤 일도 해낼 수 있는 무한한 잠재력을 가지고 있는 사람이다.'

2019년 여름 교사 직무연수에서 내가 뽑은 자아 선언문이다. 그냥 지나칠 수도 있는 문장을 책장에 붙여놓고 매일 본다. 이 문장을 보면서 '무한한 잠재력'이란 단어가 머릿속에 남았다. 『인생의 태도』에서 본, '한계를 모르는 사람'이 될 수 있을 것 같았다. 잠재력이 어디까지 발휘되었는지는 알 수 없으나 덕분에 꾸준히 공부하는 습관을 지니기 시작했다. 지금은 출간 작가이자 라이팅 코치로 활동하고 있다. 일이 세 배 이상 늘어난 것 같다. 그러나 종일 근무하는 내 공간에서의 일도 놓치지 않는다. 나를 필요로 하는 교실에 에너지를 뿜어내기 위해 밤마다 공부한다.

오늘, 이 글을 쓰면서 선언문을 두 장 더 뽑았다.

'나는 세상에서 가장 중요할 때는 바로 지금, 이 순간이란 걸 아는 사람이다.'

미용실에서도, 교육지원청 장학사 앞에서도 당당하게 작가라고 밝히지만 글은 써질 때도 있고 그렇지 않을 때도 있다. 매일 정해진 시간에 글을 쓰는 습관은 작가로서 당연한 모습이기에 복잡한 생각 집어치우고 지금 당장 할 일에 집중한다.

'나는 내가 가진 생각이 세상의 모든 것에 영향을 준다는 걸 잘 알고 있는 사람이다.'

저녁 시간마다 줌 수업 듣는 습관이 갖추어졌다. 또 다른 일정으로 갈팡질팡할 때도 2023년 나의 원 워드 '공부'를 생각하고 코치의 삶을 꿈꾸며 오늘도 살아간다. 자아 선언문 덕분에 작은 성공 노트에 기록한다. 오늘도 다른 사람에게 선한 영향 주는 작가로, 오늘도 열심히 공부했다는 점을.

저녁 시간 연수를 받기 위해 줌에 접속한 교사들은 표정이 밝지 않다. 하루 종일 학생들 지도하고 맡은 업무 처리하느라 지쳤을 터다. 나도 그렇다. 그러나 지친 동료들의 어깨를 토닥이고 싶다. 공부 습관을 지닌 나는 책 쓰기 공부 외에 다른 연수 과정에 줌으로 접속하더라도 10분 일찍 접속한 후 화면을 켠다. 그리고 미소 짓는다. 나의 행동이 강사에게 에너지를 전달할 거라는 생각이 분명하기 때문이다. 수강생의 태도로 인해 힘을 얻은 강사는 자신이 준비한 강의 내용을 전부 다 쏟아부어준다. 선순환이다.

공부에 관한 내 생각과 습관이 다른 사람에게 전달된다. 쓰고 있는 글이 좋은 습관을 유지하는 데 도움이 될 것이라는 확신까지 갖는다. '자아 선언문'을 뽑아 작은 성공 노트에 메모하면서 내 생각을 덧붙인 덕분이다.

자기 계발을 위해 좋은 습관을 유지하고 싶지만 그만두고 싶은 마음을 동시에 느낄 때도 있다. 흔들리는 마음이 생기면 그것조차도 글감이다. 끼적이면서 스스로 마음을 헤아려주되, 성공을 위한 오늘 습관은 유지한다. 습관이란 말조차도 사용하지 않아도 되는 나를 기대한다. '작은 성공 노트' 쓴 것을 읽으면서 독서, 글쓰기, 집필, 강의 등을 위해 매일 공부한다. 하루씩, 하루씩 실천하면 10년 후 내 분야에서만큼은 지금보다 당당해지리라. 때려치울 생각 접고 지금 당장 노트에 이룬 일을 메모한다. 노트 덕분에 일상 속 작은 성공이 지속되는 힘을 경험한다.

포기하지 않는 방법

— 서영식

어떤 일을 계속할 수 있게 만드는 원동력은 무엇일까? 매일 출근하는 이유는 돈을 버는 목적도 있겠지만 현재 삶보다 더 나아지기 위해서다. 설거지와 청소를 하는 이유는 그릇도 필요하지만 깨끗한 환경을 유지하기 위해서다. 하루 세 번 양치질하는 이유는 충치를 예방하고 건강하기 위해서다. 일상에서 반복하는 일은 해야 할 이유가 분명하다. 습관을 만들고 지속하려면 목적이 명확해야 한다. 목적이 명확하면 동기부여도 된다. 사람은 편한 것을 찾는다. 새로운 무언가를 하면 불편하다. 익숙해지기 위해서는 반복해야 한다. 뭔가 할 수 있게 만들려면 동기부여도 중요하다.

영어 공부에 관심이 많다. 중학교 때부터 영어가 좋았고 재미있었다. 회화를 배우기 위해 회사에 다니면서 새벽에 영어학원에 가기도 했다. 직장에서 하는 회화 교육에도 참여했다. 영어는 꾸준히 해야 한다고 한다. 2017년, 공부하려고 마음먹었다. 다시 시작하기 위해서 온라인 수업을 들었다. 처음엔 평생 무료 수강을 할 수 있다는 것을 몰랐다. 한 번 결제하고 제대로 듣지도 않고 끝났다. 두 번째 수강할 때는 평생 무료 수강을 하기 위해서 도전했다. 매일 한 번도 안 빠지고 수업을 들었다. 과제 수행하고 목표를 달성했다. 대만으로 가족 여행을 가서도 수업을 계속 들었다. 평생 무료 수강이라는 강력한 동기부여가 있어서 끝내 성공했다. 평생 수강 회원이 되었다. 꾸준히 할 수 있으려면 나만의 동기가 확실해야 한다. 요즘도 지하철에서 출퇴근할 때 듣는다.

매일 블로그에 글을 써서 올린다. 억지로 하라고 하면 계속할 수 있을까? 동기부여가 필요하다. 글쓰기 연습이자, 라이팅 코치로 활동하기 위한 밑거름이라고 생각한다. 계속 쓰다 보니 내 생각이 보인다. 재미있다. 좋은 습관도 계속할 수 있는 나만의 방식으로 재미를 찾는다. 지속할 수 있게 만드는 장치를 만들었다. 습관을 지속하기 위해 스스로 보상을 한다. 일주일 넘게 했을 때 주는 맛있는 음료 한잔, 이 주일을 넘기면 사고 싶었던 책을 구매한다. 네이버 블로그에서 한 번씩 일기 쓰기 챌린지 이벤트를 한다. 나에게도 이벤트를 만든다. 계속 실천하고 있는 것을 눈으로 보게 되면 더 의식하며 할 수 있다. 반복되는 일상에서 내가 할 수 있는 습관을 끼워 넣어야 한다. 운동하고 싶으면 매일 운동할 수 있게 시간을 만든다. 집에서 실내 자전거를 탄다. 점점 근육이 줄어드는 것을 느끼는 순간 시작했다. 실내 자전거를 타면 보상을 받는다. 매일 출석 체크와 운동을 하면 포인트를 쌓아서 책을 살 수도 있고 치킨을 먹을 수도 있다. 습관을 유지하는 방법을 고민하다 보니 생각만큼 어렵진 않았다고 생각한다. 일단 그냥 한다. 묻지도 따지지도 말고 그냥 해본다. 계속 반복하다 보면 하지 않을 때 오히려 허전하고 어색하다.

좋은 습관을 유지하는 방법에 대해 학자들은 인간의 행동 연구를 통해 많이 연구했다. 여러 가지 방법이 있다.

나를 위한 선물을 계속하고 재미를 찾는 것은 효과가 있다. 처음 시작은 누구나 할 수 있다. 계속 지속하는 것은 아무나 하기 힘들다. 어려운 방법이 아니라, 자신을 위한 이벤트를 만들어보는 것은 어떨까? 사람마다 좋아하는 것은 다르지만 매일 원하는 것을 준다면 하고 싶은 마음도 들고 지속할 수도 있다.

습관을 유지하려면 쉽게 할 수 있어야 한다. 독서 습관을 기르기 위해서 곳곳에 책을 둔다. 소파, 침실, 식탁에 책을 두면 언제든지 읽을 수 있다. 책을 꺼내려고 책장에 가지 않아도 된다. 글쓰기 습관을 위해서는 글 쓰는 도구를 여기저기에 둔다. 메모를 할 수 있게 포스트잇이나 메모 수첩을 가까이에 둔다. 언제든 쓸 수 있는 환경을 만든다. 어떤 습관을 계속하는 것이 쉬운 일은 아니다. 나는 휴대폰 알람도 설정한다. 같은 시간에 해야 할 습관을 반복하기 위해서다.

습관을 만드는 방법을 찾기 위해서 좋은 습관으로 성공한 사람들의 이야기도 읽어본다. 습관 관련 도서는 생각보다 많다. 도움이 되었던 책을 한 권 추천하고 싶다. 습관이라는 주제로 40권의 책을 출간한 베스트셀러 저자 스티브 스콧의『해빗 스태킹』이다. 좋은 습관을 쌓는 127개의 구체적인 방법을 알려준다. 커리어, 자산, 건강, 여가 생활, 정리 정돈, 인간관계, 영성을 위한 습관 형성 방법 등이 있다.

하루에 쓸 수 있는 에너지는 한정되어 있다. 꼭 필요한 일을 하기 위해서는 에너지 배분을 잘해야 한다. 하지 않아도 되는 일을 줄이는 것도 필요하다. 모든 일을 다 할 순 없다. 좋은 습관을 유지하기 위해서는 낭비하는 시간이 없는지 확인한다. 우선순위를 정한다. 아침에 할 일, 점심에 할 일, 잠자기 전에 할 일도 정해놓고 반복한다. 아침에 일어나면 긍정 확언을 한다. 자신감을 장착하고 하루를 시작한다. 주말에도 빼놓지 않고 한다. 짧은 점심시간에 짬을 내어 블로그를 쓴다. 매일 쓸 수 있는 건 잊지 않고 같은 시간에 하기 때문이다. 잠자기 전 10분 독서를 한다. 잠들기 전 독서는 내가 잠들어 있는 동안 생각이 저장되는 듯한 느낌을 준다.

무엇보다 중요한 것은 마음이다. 내가 계속할 수 있다는 믿음과 스스로에 대한 격려가 큰 힘이 된다. 꾸준히 하는 일 중에 제일 도움이 되는 것은 독서와 글쓰기다. 책을 읽으면 새로운 지식을 알게 되고, 언젠가는 그것을 써먹을 일이 있다. 읽고 나서 서평을 쓰거나 생각을 글로 표현하면 다시 정리가 된다. 공저 책을 출간하고 지인에게 들은 얘기다. "글쓰기, 책 쓰기가 그렇게 재미가 있나요?" 일초도 망설이지 않고 "정말 재미있습니다"라고 했다. 독서를 하는 사

인생은 습관이 전부다

람은 주위에 있지만 글쓰기를 하는 사람은 거의 없다. "글 써보세요" 하면 대부분 손사래를 친다. "나는 창의성이 없어요." "글을 쓸 줄 몰라요." "안 써봤어요." 나도 마찬가지였다. 글쓰기를 제대로 한 경험은 없었다. 책 쓰기, 글쓰기 수업을 들으면서 습관을 만들게 되었다. 꾸준히 계속하려면 동기를 부여할 수 있는 나만의 프로그램이 필요하다.

만드는 것도 필요하지만 포기하지 않는 방법도 중요하다. 포기하지 않는 방법은 공표하는 것이다. 내가 앞으로 무언가를 계속한다는 걸 알린다. 주위 사람들에게 말로 할 수도 있고 SNS를 통해 공지하는 방법도 있다. 혼자서 할 때는 그만하고 싶은 유혹에 쉽게 넘어갈 수 있다. 내가 하는 것을 보고 응원해주는 누군가가 있다면 지속할 수 있는 힘이 된다. 같은 습관을 함께할 수 있는 사람이 있어도 좋은 동기부여가 된다. 목적과 방향이 같은 사람들이 있으면 서로 공감하고 격려해줄 수 있다. 나는 자이언트 작가들과 함께하면서 많은 도움을 받고 에너지를 얻는다. 빨리 가려면 혼자 가고, 멀리 가려면 함께 가라는 말이 있다. 여러 사람과 함께하면 힘들고 지칠 때, 포기하고 싶을 때 다시 일으켜 세워준다. 무조건 지속하려는 의지와 노력만으로는 쉽지 않을 수 있다. 방법을 찾는다. 계속할 수 있는 여러 가지 방법을 알고 실천하는 것이 도움이 된다. 하다가 중단할 때도 있다. 멈추더라도 포기하지 않고 다시 시작할 수 있게 하는 힘도 필요하다. 자책하지 말고 다시 하면 된다. 새롭게 시작하면 된다.

'포기하지 않는 방법'으로 검색해보면 의지에 관한 내용이 대부분이다. 의지는 어떠한 일을 이루고자 하는 마음이다. 마음만으로 일이 술술 풀리면 얼마나 좋을까. 현실은 마음을 행동으로 옮기기가 힘들다. 외국 소설에 나오는 내용이다. 초능력을 가진 남자가 있었다. 마음만 먹으면 뭐든 할 수 있는 사람이다. 그는 자신의 능력을 알고 있지만 사용하지 않았다. 아파트에 살다가 쫓겨나서 헛간에 살게 되었다. 초능력을 발휘하면 아파트도 사고 삶을 바꿀 수 있었다. 그 남자는 아무것도 하지 않고 그냥 죽었다. 이 소설의 남자처럼 할 수 있지만 하지 않아서 후회하는 사람이 되지 않으려고 한다. 계속 반복하여 성장할 수 있는 습관을 유지하며 나만의 방식으로 인생을 살고 싶다. 포기하지 않는 인생! 습관으로 만들 수 있다.

거창하지 않아도 괜찮아

— 송슬기

20대 때부터 시작해 오랜 슬럼프를 겪었다. 원인을 알 수 없는 두통과 복통으로 자주 병원에 다녔다. 입원까지 할 만큼 심각하거나 일상에 지장이 있지도 않았으니 대수롭지 않게 생각했다. 사람을 대할 때 힘들었지만 티 내지 않았다. 인간관계도 크게 나쁘지 않았다. 가끔은 죽음을 떠올릴 만큼 우울감도 느꼈지만 금방 다시 괜찮아질 줄 알았다. '스트레스성' 그 한마디로 모든 증상을 설명하려했다.

취미를 가져보면 좀 나을까 싶어 이것저것 기웃거렸다. 스쿼시, 십자수, 재봉, 홈베이킹. 무엇 하나 오래가지 못했다. 시작은 쉬웠지만 오래가지 않았다. 포기하는 내 모습이 마치 실패한 인생 같았다. 자존감은 점점 낮아졌고 나중엔 시작조차 하고 싶지 않았다. 하고 싶은 의욕도 없었고 애쓰고 싶지도 않았다. 그렇게 10년을 의미 없이 무기력하게 살았다.

미국의 베스트셀러 작가 니르 이얄의 『초집중』에 따르면 의지력은 한계를 가진 자원이 아니라 감정에 가깝다고 말하고 있다. 의지가 생기지 않는 이유를 단순히 의지의 고갈로 보는 것이 아니라 조절 가능한 하나의 기술로 인식해야 한다는 것이다. 쉽게 말해, 의지가 없다고 생각하는 것이 아니라 왜 의지가 없다고 느끼는지 그 감정과 이유에 집중하길 강조한다.

내가 무기력을 극복하고 다시 무언가를 시도하게 된 계기도 이와 비슷했다. 『나는 번아웃이었다』를 쓰면서 알게 되었다. 그동안 나는 왜 무기력했던 것인지. 감정을 받아들이기 시작하면서부터 조금씩 달라졌다. 의지를 다 써버렸다고 생각했는데 경험을 쓰면서 이유를 알게 되었다. 극복하기 위해서 무엇을 할 것인지 생각해보았다. 글을 쓰며 다시 하나씩 의지를 다졌다. 무기력이라는 나쁜 습관을 한 번에 고치려고 하기보다 좋은 습관을 만들기 위해 꾸준히 노력하고 있다.

글을 쓰면서 하루에 한 장이라도 책을 읽는다. 1년 조금 넘는 시간이 짧다고 할 수도 있지만 나에게는 의미가 있다. 무언가를 끈기 있게 하지 못했던 과거의 나에서 꾸준히 독서 습관을 실천하는 지금의 나. 큰 변화다. 매일 조금이라도 책을 읽는 습관은 단연코 '의지' 덕분이었다. 목표를 이루기 위해 의지가 중요하다는 것을 모르는 사람은 없을 것이다. 대개는 원하는 바를 이루기 위해 결심하고 노력하지만 나는 조금 달랐다. 결과를 미리 판단하지 않겠다는 마음으로 시작했다. 성취보다는 행동하겠다는 의지가 꺾이지 않는 게 더 중요하다고 생각했다.

글쓰기를 통해 무기력을 극복했던 과정을 돌이켜 본다. 지자체 지원 사업을 통해 참여했던 글쓰기. 공짜니까 못해도 된다는 생각에 처음부터 걱정할 필요가 없었다. 아쉬울 게 없었던 마음 덕분에 결과에 대한 부담도 없었다. 이리 재고, 저리 따지지 않았다. 물론 오랜 습관이 한 번에 바뀌지 않듯이 가끔 망설일 때도 있다. 그러나 미리 겁먹지 않는다. 결과가 두려워 시작조차 하지 않았던 과거의 어리석은 행동을 반성한다.

지금은 어떤 일을 시작할 때 결과를 섣불리 판단하지 않고 할 수 있는 만큼 최선을 다하려고 한다. 이런 마음은 모든 일을 긍정적으로 생각하는 것과 조금 다르다. 바람대로 이루어지지 않는다고 해서 실망하는 게 아니라 금방 털고 다시 하면 된다는 말에 더 가깝다. 결과에 조급함이 없으니 포기하지 않고 습관을 지속할 수 있었다. 하다 보면 언젠가는 될 것 같다는 여유도 생긴다.

좋은 행동이 모두 습관이 되면 얼마나 좋을까. 아직 나쁜 습관이 많지만 그래도 하나씩 고쳐나갈 자신이 있다. 몇 개의 사소하지만 좋은 행동들을 꾸준히 실천하면서, 도움이 되었던 나만의 방법이 있다. 다른 사람들의 노하우나 방법을 나에게 맞게 바꾸는 것이다.

새벽에 일어나 자신만의 시간을 가지면 삶을 주도적으로 살 수 있다고, 하루를 알차게 보낼 수 있다고 말하는 사람이 많다. 근사해

보여 무작정 따라 했다. 며칠 동안은 4시에 일어났지만 금방 포기했다. 결단하면 무조건 밀고 나가야 한다는 사람이 많았지만 무리하고 싶지 않았다. 번아웃을 다시 경험하기 싫었다. 대신 아침 5시에 일어나서 남들보다 일찍 출근했다. 사무실을 정리하고 혼자 있는 시간을 만들었다. 이 시간엔 주로 글을 쓰거나 책을 읽었다. 새벽 대신 나만의 아침 시간을 이용한 셈이다.

주중에는 사무실을 이용해 습관을 지속할 수 있었으나 주말까지 출근할 순 없었다. 그래서 주말엔 주로 스마트폰을 이용해 간략하게 일상을 기록했다. 독서는 전자책을 이용해 가벼운 내용의 책을 골라 읽었다. 틈틈이 활용할 수 있는 시간을 찾아 습관을 계속할 수 있도록 수정하고 또 수정했다. 다른 사람의 성공 방법을 무조건 따라 하지도, 하나의 방법만 고집하지도 않았다. 나만의 방법을 찾아 시도했다. 그러다 보니 자연스럽게 자투리 시간을 활용해 작은 습관들을 만들 수 있었다.

마지막으로 습관을 지속하기 위해서 따라 하고 싶은 나만의 성공 모델을 만들었다. 어떤 사람들은 성공 모델의 걸음걸이, 제스처, 말투까지 사소한 하나부터 열까지 모두를 따라 해야 한다고 말했다. 그러나 나는 내게 필요한 딱 하나에만 집중했다. 매일 자신의 필사 기록을 포스팅하는 한 블로거를 성공 모델로 삼아 조금씩 필사 습관을 길렀다. 어떤 일을 결정할 때, 아이들의 의사를 먼저 물어보는 친한 학부모를 보면서 아이에게 말하는 습관도 실천하고 있다. 사회적으로 유명한 사람이나 성공한 사람보다는 주변에서 자주 소식

인생은 습관이 전부다

을 들을 수 있는 사람들을 나만의 성공 모델로 삼았다. 온라인, 오프라인을 구분하지 않았다. 동기부여와 자극을 받을 수 있다면 충분했다.

습관을 지속하기 위한 다양한 이론, 연구, 방법이 많을 것이다. 다른 사람의 방식도 좋지만 나에게 맞는 방법으로 수정하며 실천하고 있다. 결과를 섣부르게 판단하지 않고 실패를 미리 걱정하지 않는다. 시도가 두려워 망설이지도 않는다. 또, 나만의 성공 모델을 만들었다. 꼭 유명할 필요 없다. 나도 할 수 있을 것 같다는 마음이 들게 하는 사람, 쉽게 따라 할 수 있을 것 같은 사람이면 더 좋다.

습관을 지속하는 방법, 거창하지 않아도 괜찮다. 큰 변화보다 나만의 작은 행동부터가 시작이다.

좋은 습관, 나를 춤추게 했다

— 이현주

두 갈래 길이 있다. 모두 산 정상으로 가는 길이다. 오른쪽으로 난 길은 사람들이 자주 다니는 길로 장애물이 적다. 산 정상까지 풍경을 감상하면서 갈 정도로 걷기에 편하고 잘 다듬어져 있다. 다만 가까이에서 자연을 느끼고 싶다면 부족할 수 있다. 왼쪽으로 난 길은 사람이 많이 다니지 않은 길로 험난하다. 커다란 돌도 많이 있을 것 같다. 어디선가 야생동물도 불쑥 나타날 것 같은 길. 하지만 자연을 온몸으로 느낄 수 있는 길이다. 나는 산 정상에 가야 한다. 어느 길로 가는 것이 옳을까. 옳은 길은 없다. 내가 가고 싶은 길만 있을 뿐.

어려운 일은 하고 싶지 않았다. 몇 년을 도전해 이루어내는 성과, 관심 없었다. 지치고 힘든 일은 피하고 싶었다. 인생의 목표도 현실

인생은 습관이 전부다

적이지 않고 허무맹랑하다거나 터무니없다는 생각이 들면 아예 생각도 안 했다. 시도도 못 했고, 도전하지 않았다.

그런 내가 매일 글 쓰는 작가가 되고 싶었다. 목표가 생긴 것이다. 어떻게 하면 할 수 있을까. 빨리 이루고 싶다는 욕심만 가득했다. 지름길은 없었다. 꾸준히, 매일 글을 쓰는 습관을 만드는 것이 가장 중요했다. 습관에 관한 책을 여러 권 읽었다. 과연 나쁜 습관을 고칠 수 있을까. 작은 일부터 해보자고 결심했다.

무의식적으로 반복하는 행동이 습관이다. 습관은 만들기도 어렵지만 유지하는 게 더 어렵다. 도돌이표처럼 예전의 나로 돌아가 금방 나태해지고 게을러졌다. 완벽하게 없앴다고 생각했던 미루는 습관이 다시 시작됐다. '에이, 오늘 하루쯤 안 한다고 뭐 큰일 나겠어.' 풀린 나사처럼 느슨해지기를 반복했다. 이런 내가 습관을 꾸준히 유지할 수 있었던 방법 세 가지가 있다.

첫째, 일정 기간 습관을 유지하는 데 성공했다면 나에게 보상했다. 아이들이 초등학교에 다닐 때 어떤 방법으로 용돈을 주면 좋을지 고민했다. 큰 의미를 두지는 않았지만 일의 가치와 보상에 대해 조금은 알려주고 싶었다. 신발장 정리, 설거지, 청소기 돌리기, 빨래 정리하기 등을 이용했다. 기간이나 횟수를 정했다. 잘했다는 칭찬은 물론 용돈이나 갖고 싶은 물건을 선택할 수 있도록 했다. 무언가 갖고 싶을 때나 돈이 필요할 때 집중적으로 한다는 부작용도 있었다. 그래도 예전보다는 집안일을 곧잘 도왔다. 매일은 아니지만 지금도 잘한다. 행동을 계속 유지할 수 있게 만드는 방법, 아이들에게 한 것처럼 나에게도 보상을 주자고 생각했다. 습관도 유지하고 선물도 받고, 생각만으로도 좋았다. 매일매일 할 수 있을 것 같았다. 시작도 전에 선물은 뭐가 좋을까, 어떤 걸 받고 싶은지 생각했다. 웃음이 나왔다.

　일주일간 꾸준히 글을 쓰고 나서, 분위기 좋은 카페에서 나를 위한 케이크와 커피 한 잔을 선물했다. 사람들을 만나면 카페로 가는 게 일상이지만 '날 위한 선물'은 의미가 달랐다. 한 달을 유지했을 땐 갖고 싶었던 향수를 샀다. 비싼 건 아니었지만 나에게 줄 선물을 고민하는 것도 좋았다. 지금도 가끔 나에게 선물을 한다. 내가 나에게 하는 작은 선물은 습관을 유지하는 데 도움이 됐다. 나를 아끼고 소중하게 생각하게 되었다. 일석이조. 지금은 굳이 보상하지 않아도 반복하게 됐다.

　둘째, 내가 하는 행동 자체가 뿌듯하고 즐거웠다. 작가가 되고 싶다는 꿈을 이루기 위해 글을 써야 했다. 꾸준히 메모하는 습관이 중요했다. 탁상 달력을 갖고 다니며 일정을 메모하는 것부터, 틈틈이 읽는 책의 좋은 글귀를 노트에 베껴 쓰는 것까지. 유튜브를 보면서 알게 된 것과 표현들을 차곡차곡 썼다. '이렇게 하는 게 정말 효과가 있나?'라는 생각이 들기도 했다. 잘 안될 것 같았다. 그래도 많은 작가가 효과 있다고 했으니 한번 믿고 해보자고 결심했다. 수첩에 적어놓은 메모, 그날 정리하지 않으면 다시 안 본다는 단점이 있었다. 문제였다. 메모해도 정리 안 하면 소용이 없었다. 포스트잇을 이용했다. 덕지덕지 붙여놓은 종이에 개발새발 흘겨 쓴 메모를 그대

　　　　　　　　　　　　　　　인생은 습관이 전부다

로 떼어내어 노트에 붙였다. 따로 정리하지 않아도 되니 좋았다. 분홍, 노랑, 파랑 등 시각적 효과도 있었다. 주로 운전할 때 사용했다. 이동 중 신호에 걸리면 빠르게 단어를 썼다. 붙여놓은 메모를 볼 때면 웃음이 나왔다. 쓸 때와 읽을 때 느낌이 달랐다. 내가 썼지만 못 알아볼 때도 있었다. 그래도 썼다.

가끔 옆자리에 누군가가 타면 이게 다 뭐냐고 물었다. 신기해했다. 그런 반응도 재미있었다. 좋은 글이나 생각을 메모한다고 하면 본인도 해봐야겠다고 말했다. 마치 귀한 정보를 알려준 것처럼 뿌듯했다. 누군가에게 보여주기 위한 것은 아니었지만 그 덕분에 메모하는 일도 즐기게 되었다. 만족스러운 경험 덕분에 쉽게 포기하는 습관을 버릴 수 있었다.

셋째, 긍정적인 평가와 피드백은 습관을 유지하는 데 도움이 됐다. 칭찬은 고래도 춤추게 한다. 좋은 습관으로 얻은 긍정적 피드백과 칭찬이 나를 춤추게 했다. 2016년에 개설한 블로그는 쥐 죽은 듯 조용했다. 처음에는 글을 쓰면서 긴장했다. 보이지 않는 누군가의 눈치도 봤다. 누가 읽을까 겁났지만, 한편으로는 아무도 읽지 않을까 걱정도 되었다. 글을 쓰겠다는 결심을 하고 매일 한 편씩 올리면서 조금씩 걱정이 사라졌다. 다른 사람들의 눈치를 보는 것, 잘 쓰고 싶다는 욕심, 길게 써야 한다는 부담감을 내려놨다. 한 달, 두 달 꾸준히 글을 올렸다. 한 명이 봐도 좋고, 아무도 읽지 않아도 좋았다. 그저 오늘 글 한 편 올리는 것, 내가 해야 할 일을 한다는 것이 중요했다. 시간이 지나면서 이웃도 늘었다. 글을 읽는 사람도 한 명

두 명 늘었다. 짧은 댓글, 예의상 남기는 인사말이라도 고마웠다. 그냥 지나칠 수 있는 글이지만 잘 읽었다는 말, 나도 그렇게 생각한다는 글을 보면 공감할 수 있는 글을 쓴 것 같아 좋았다.

누구라도 읽어주면 좋고, 안 읽어도 어쩔 수 없었다. 그건 내가 어떻게 할 수 있는 일이 아니다. 나와의 약속을 지키는 것이 더 중요하다. 조회 수와 댓글에 관심 두지 않으니 마음이 편했다. 작성한 글을 읽으며 '오늘도 했다'라고 스스로 칭찬했다. 블로그는 언제든 수정이 가능한 점이 좋다. 읽어보고 수시로 고쳤다. 2015년 달랑 주소만 있었던 블로그가 2022년부터 빛을 보기 시작했다. 2023년 본격적으로 글을 올리기 시작했고, 요즘은 하루에 두세 건의 글을 발행한다. 글의 길이, 깊이, 잘 쓰고 못 쓰고를 묻거나 따지지 않는다.

'지금 나의 행동이 목표를 이루는 데 도움이 되는가', '작가가 되기 위해 나는 오늘 무엇을 했는가.' 이 두 질문을 자주 한다. 셀프 평가와 긍정의 피드백. 나를 향한 응원과 칭찬은 어제보다 나은 오늘의 내가 되는 것에 집중하게 한다. 좋은 습관을 찾게 했고 지속하게 하는 힘이 됐다.

작은 것부터 서서히 바꾸면 된다. 숨만 쉬던 내가 갑자기 욕심을 부리며 42.195㎞ 마라톤 대회에 나갈 수는 없는 거다. 마라톤에 나가겠다는 목표를 세웠다면 준비 운동과 걷는 것을 먼저 해야 한다. 걷지도 못하는데 뛰겠다는 건 욕심이고, 욕심이 지나치면 포기도 쉽다. 눈사람을 만들 때 주먹만 한 작은 눈덩이를 먼저 만드는 것과 같다. 작은 성공을 자주 경험함으로써 조금 더 탄탄한 습관을 만들고 유지할 수 있었다. 나를 바꾸는 것, 크고 대단한 것이 아니었다. 소소한 습관으로 이룬 긍정적 변화와 성장이 나를 춤추게 했다.

습관은 삶의 균형을 잡는 일이다

— 장춘선

몸이 예전 같지 않다고 느꼈다. 마음이 늘어졌다. 아침 5시면 알람 없이도 일어났던 사람이다. 아침밥을 해놓고 출근 준비해서 6시 30분이면 집을 나선다. 오늘은 웬일인지 방바닥에서 몸이 떨어지지 않았다. 눈떠 보니 병원에 도착해야 할 시간이다. 시계만 쳐다보고 뒤척인다. 다급한 마음이 없어졌다. 시계는 몇 시인가를 알려줬을 뿐 빨리 서둘러야 한다는 긴장감을 주지 못했다. 사춘기보다 무섭다는 갱년기. 갱년기는 살아온 방식을 의도적으로 깨부수는 것 같다. 바쁘게 살았던 나에게 '천천히 해도 돼, 뭐가 문제야, 건강도 좀 챙겨, 멈춰' 하며 삶을 살피게 했다. 몸을 지배하는 호르몬을 강제로 중단시켜 삶의 균형을 잡으려는 신호 같았다.

차에서 내리려고 좌측 다리를 문밖으로 내밀었다. 허벅지 안쪽에

인생은 습관이 전부다

서 찢기는 통증이 느껴졌다. 일어서지 못해 양손으로 거들었다. 출근복으로 갈아입고 양말을 신는 것조차 의자에 기대야 했다. 다리가 뻣뻣해서 마음대로 굽혀지지 않았다. 컴퓨터를 켜놓고 우두커니 빈 화면만 쳐다봤다. 할 일은 많은데 시동이 걸리지 않는다. 늘 하던 일이 태산같이 느껴졌다. 이게 아닌데 하며 며칠을 보냈다. 날이 갈수록 집중력이 떨어져 이 일 저 일 끝내지도 못하고 조급했다. 아무래도 진료를 받아야 할 것 같았다. 어디가 아프다고 말해야 할지, 증상을 어떻게 설명해야 할지 말머리가 생각나지 않았다. 간호사라는 게 부끄러웠다. 가정의학과 진료를 받았다. 의사는 여러 가지 검사 결과를 보고 내분비내과와 산부인과 진료를 보라고 했다. 당뇨 진단을 내리는 당화혈색소 수치가 올라가 있었고, 갑상선 기능 수치는 정상을 벗어났다. 여성호르몬 수치도 제로였다. 생각지 못한 갱년기 증상이다. 얼굴이 화끈거리고 식은땀이 나고 무기력한 증상 정도는 알고 있었지만, 몸이 이렇게 망가질 줄은 몰랐다. 호르몬의 변화가 이렇게 무서운 건가. 겁도 없이 살았다는 후회가 되었다. 그 흔한 영양제 한 알 챙겨 먹지 않았다. 규칙적인 식사도, 적절한 운동도 하지 않았다. 불규칙한 생활 습관이 그대로 반영된 결과였다. 한순간 당뇨 약과 갑상선 약, 여성 호르몬제까지 복용하며 일하는 사람이 되었다.

욕심을 내려놓았다. 꼭 해야 할 일만 했다. 대부분의 증상은 약으로 조절되었지만 몸은 마른 장작처럼 뻣뻣했다. 다리가 옆으로 잘 돌려지지 않았다. 의식하며 천천히 움직여야 한다니 어처구니가 없었다. 식당 입구에서 신발을 신지 못해 힘들어했던 엄마 생각이 났다. 뒷사람에게 방해될까 봐 재촉했다. 이제 내가 그 모양새다. 양반다리가 되지 않았다. 정형외과 진료를 받았다. 갱년기 때 올 수 있는 근육의 불균형이라고 한다. 운동하면서 그날그날 뭉친 근육을 풀라고 했다. 30여 년 일하면서 풀지 못한 근육 뭉침을 이제야 증상으로 인지했다. 운동 방법을 찾아 재활의학과에 가보았다. 여러 가지 자세를 잡아보도록 했다. 안 쓴 근육은 쪼그라들었고 많이 쓴 근육은 늘어져서 균형이 맞지 않는다고 한다. 잘못된 생활 습관으로 온 병이 확실했다. 30여 년 직장 생활 동안 하고 싶은 일보다는 해야 하는 일을 하며 살았다. 빨리 먹을 수 있는 음식을 30여 년 먹었다. 같은 근육을 30여 년 사용했다. 늘 하던 대로 행동을 반복했으니 근육의 불균형이 올 수밖에 없었다. 몸은 아픔으로 신호를 준다. 같은 방향만 바라보고 살아온 내 인생에 불균형은 없었을까, 어떤 신호를 보냈을까 생각해본다.

　운동이 절실했다. 동료가 필라테스를 권유했다. 집에서 가까운 곳으로 검색했다. 일대일 코칭 10회, 70만 원. 너무 비쌌다. 살면서 한 번도 운동을 위해 큰돈 써본 적 없었다. 며칠 고민했다. 아무리 생각해도 지금 운동을 시작하지 않으면 몸이 더 망가져 일하는 데 지장을 줄 것 같았다. 걷지 못해 요양병원에 누워 있는 나쁜 상상도 해봤다. 생각만으로도 정신이 번쩍 들었다. 고민 끝에 필라테스를 시작했다. 운동을 꾸준히 할 수 있으리라 기대했다. 하지만 회식이다, 일정이 맞지 않는다, 피곤하다 등 여러 가지 이유로 일주일에 겨우 한 번 정도 갔다. 필라테스와 병행하며 환경에 영향을 받지 않는 운동이 필요했다. 아침 5시에 일어나 출근 준비하는 나에게는 잠깨는 시간이 가장 적격일 것 같았다. 필라테스에서 배운 동작 몇 가지를 한다. 반듯하게 누워서 두 다리 들어 올리고 내리기, 사선으로 누워 윗다리를 최대한 올리고 내리기 등. 멍하게 일어날까 말까 하며 뭉그적거리는 10분을 이용했다. 근육부터 깨우면서 하루를 시작했다.

읽고 쓰는 삶을 선택했다. 글쓰기 공부 시간에 강사는 '매일 썼는가?'에 초점을 맞춘다. 그때만 반짝 정신을 차린다. 하지만 쓰는 날보다 읽기만 하는 날이 더 많았다. 책을 읽는다는 것은 쉬웠다. 벌러덩 누워 편하게 읽는다. 마음 내키는 대로 읽으면 된다. 하지만 쓰기는 고통이 따른다. 글감을 찾는 일부터 주제에 맞는 메시지 끌어오기와 어떤 구성으로 쓸 것인지에 대해 고민해야 한다. 쓰기 전부터 생각만으로도 머리가 지끈거린다. 책 읽기에서 글쓰기로 건너오기 싫어 서성이는 나를 본다. 익숙함에서 벗어나 불편함을 선택해야만 발전이 있다는 걸 알면서 말이다. 이것 또한 불균형의 형태로 나를 괴롭혔다. 지금처럼 공저 작가로 글을 쓰자니 생각만 가득하다. 글로 표현하지 못하겠다. 매일 일정 분량을 쓰지 않았기 때문이다. 몰아서 하는 공부나 운동은 습관이 되지 못한다. 쓰기도 마찬가지다. 규칙적인 운동을 하지 않아 근육의 불균형이 온 것처럼, 매일 쓰지 않아 글쓰기 실력이 늘지 않았다. 한 꼭지를 통째로 버렸다. 메시지 없이 쓴 글이 마음에 들지 않았다. 매일 한두 줄이라도 써야 했다.

읽기와 쓰기의 균형을 맞추려 한다.

창동예술촌에 그림 수업을 하러 갈 때면 골목길 옷 가게를 기웃거린다. 쇼핑에 빠져 시간을 놓칠 때도 있다. 예전에 나는 즐겨 입는 옷 스타일이 없었다. 주로 수수하고 유행 타지 않는 것을 선택했다. 새 옷을 입어도 남이 알아보지 못할 정도의 평범한 옷 말이다. 왜냐하면 타인의 시선을 많이 의식했기 때문이다. 어떤 행동이든 눈에 띄는 걸 좋아하지 않았다. 있는 듯 없는 듯 사는 게 편했다. 책을 읽고 글을 쓰면서 달라졌다. 내 생각과 의견이 조금씩 생기기 시작했다. 그래서인지 입고 싶은 스타일이 생겼다. 새 옷 입은 걸 알아주지 않으면 먼저 말한다. "이 옷 어때요? 어제 창동에서 산 건데." 알록달록 색깔이 나를 유혹할 때도 있고, 화려한 꽃무늬가 나의 시선을 끌기도 한다. 이제는 마음이 가는 대로 옷을 입는다. 자랑도 한다. 타인의 시선에서 벗어났기 때문이다. 평범하기만을 고집했던 그때는 나보다 타인이 우선이었다.

갑자기 찾아온 갱년기 증상은 삶의 균형을 잡으라는 신호였다. 살아온 생활 습관이 지금의 내가 되어 있었다. 한쪽으로 치우친 삶의 불균형을 바르게 돌봐야 했다. 몸의 균형을 잡기 위해 필라테스를 시작했다. 마음의 균형을 잡기 위해 읽고 쓰는 삶을 선택했다. 밖으로 향한 시선을 나에게로 돌렸다. 지금 내가 하는 행동이, 원하는 내가 된다. 인생은 습관이 전부다. 글을 쓰는 건강한 작가, 글쓰기를 돕는 라이팅 코치! 지금 나는 습관을 들이는 중이다.

인생은 습관이 전부다

고비 넘기는 꿀팁 대방출

— 정은정

뇌 과학에서는 신경망이라는 새로운 길이 흔적을 내는 데 21일, 완성될 때까지 66일 정도의 시간이 필요하다고 한다. '21일', '66일'은 습관 형성을 위한 기간이다. 새벽 5시 기상에 도전한 지 세 달이 지났다. 여전히 힘들다. 왜 그럴까? 이는 신경망 생성과 제거 때문이다. 어릴수록 신경망 생성과 제거가 활발하다. 매일 자주 하는 일은 신경망으로 남지만, 하지 않는 일은 제거된다. 성인은 아이보다 신경망 생성과 제거가 더디다. 그래서 습관을 만드는 게 더 힘들다.

힘듦을 견디기 위해 '함께하기'를 선택했다. '세보만'과 '반일미'이다. 세보만은 '세종시 보건교사 만 보 걷기' 모임이다. 네이버 밴드의 인증 기능을 활용하는데, 스마트워치나 만보계를 이용해 걸었다는 것을 인증하면 된다. 우리는 걷기뿐만 아니라 일상을 공유하며 축하와 감사, 응원과 위로를 보낸다. '세보만'에는 성실함의 끝판왕이라 불리는 사람이 있다. 그녀는 만 보 걷기를 시작한 날부터 한 번도 빠지지 않고 만 보를 채웠다. 석 달째에는 어깨 통증을 줄이기 위한 운동을 시작했다. 다섯 달째에는 뱃살 폭파 운동을 추가했다. 이름이 재미있어 웃음이 났다. 일곱 달째에는 엉밑살(엉덩이 아래 살) 빼기 운동을 했다. 그렇게 꾸준히 실천하더니 얼마 전에 체지방은 줄고 근육량은 증가한, 그림 같은 체성분 그래프를 보여주었다. 다른 분은 새벽 5시에 일어나 집 앞 공원을 걸으며 출근 전에 만 보를 채운다. 또 다른 분은 새벽에는 수영, 저녁에는 탁구를 즐기고 주말에는 자전거를 타거나 등산을 한다. 그들의 일상을 보면 건강한 삶의 모습이 무엇인지 알 수 있다.

나는 움직이기 싫어하는 사람이라 살기 위해 걷는다. 다른 사람은 만 보가 목표지만 나는 육천 보가 목표다. 믿기 힘들겠지만, 목표가 없을 때는 천 보도 걷지 않았다. '세보만' 덕분에 오늘도 포기하지 않고 걷는다.

반일미는 '반드시 일어나는 미라클 모닝'을 뜻하는 말로 임가은 작가(러브봉봉)가 만든 모임이다. 새벽에 일어나면 타임 스탬프로 인증 사진을 찍고 네이버 카페에 올린다. 어떤 분은 요가를 하고 어떤 분은 차를 마신다. 나는 책상에 앉아 책을 읽는다. 인증 글에는 칭찬 댓글을 달아준다. 새벽 5시 기상을 목표로 하지만 목표를 이루지 못한 날이 더 많다. 하지만 사람들은 어제보다 일찍 일어났음에, 오늘도 포기하지 않고 새벽 시간을 나로 채웠음에 축하를 보낸다.

인생은 습관이 전부다

유독 눈꺼풀이 무거운 날이 있다. 가끔은 건너뛰기도 하고 지각도 하는데 이것 또한 존중한다. 습관 형성을 위한 고비는 누구나 겪으니 말이다.

임용고시 공부를 할 때는 '공부 시간 인증하기' 모임에 가입했다. '벽돌 책'이라고 말하는, 두껍고 어려워 혼자 읽기 힘든 책을 읽을 때는 매일 정해진 분량을 읽고 인증하는 모임도 했다. '함께'의 힘을 알기에 자주 '함께'한다. 그렇게 좋은 습관은 내 것이 되었다.

고비를 넘기고 꾸준히 하기 위해서는 재미있어야 한다. 나는 '보여줌'으로써 재미를 느낀다. 작은아이는 초등학교 입학 전까지 한글을 완벽하게 떼지 못했다. 글자를 읽고 쓰는 것은 했지만 의미를 파악하는 능력이 부족했다. 그래서 '도서관 그림책 완독하기'를 목표로 책 읽기에 집중했다.

1차 목표는 학교 도서관이었다. 서가에는 다양한 그림책이 있었는데 매일 책꽂이 한 칸을 읽어내는 게 목표였다. 스케치북에 도서관 서가를 그렸다. 읽은 책꽂이 부분에는 'X' 표시를 했다. 악당을 해치우는 게임을 하는 것처럼 그림책을 한 칸씩 해치웠다. 2차 목표는 집 앞의 작은 도서관이었다. 마찬가지로 스케치북에 서가를 그리고 책꽂이 한 칸을 읽으면 'X' 표시를 했다. 지역 도서관은 책이 많아서 시간이 꽤 걸렸다. 그래도 해냈다.

방학에는 키 높이만큼 읽기를 목표로 했다. 다 읽은 책은 벽에 기대 쌓았다. 아이는 책 높이와 자신의 키를 비교했다. 어느덧 아이 키 높이만큼 책을 읽었다. 다음에는 큰아이 키 높이만큼 읽기를 목표로 했다. 내 키만큼 왔을 때 방학이 끝났다.

책을 기록하는 앱도 사용한다. 얼마 동안 읽었는지, 무엇을 느꼈는지, 총점은 몇 점인지 등을 기록한다. 그중에서도 '독서 달력'과 '읽을 예정인 책'을 좋아한다. 독서 달력은 완독한 책을 달력에 기록해서 보여준다. 이번 달에는 이만큼 읽었구나. 부지런히 봤네. 눈으로 확인하고 뿌듯해한다. 읽을 예정인 책에는 읽어야 하는 책, 읽고 싶은 책, 추천받은 책을 등록하는데 한눈에 목록을 확인할 수 있다. 읽을 책이 쌓이면 아이가 도서관 책꽂이를 깨부수던 심정으로 돌아가 한 권씩 차례로 정복한다.

추상적인 목표가 아니라 구체적인 목표여야 이룰 가능성이 크다. 구체적인 목표와 달성 여부를 시각화하여 보여주면 효과가 좋다. 습관을 만들고 싶다면, 고비를 넘기고 싶다면 눈으로 볼 수 있게 하자. 재미를 느끼는 것이 지속하는 비법이다.

함께하며 달성 여부를 눈으로 확인했지만, 도저히 할 수 없는 날도 있다. 코로나에 걸렸을 때처럼 말이다. 목이 찢어질 듯 아프고 열이 39도를 넘기는데 새벽 기상이라니, 만 보 걷기라니. 그래서 나는 '쉬는 날'을 허락했다. '세보만'은 한 달 중에서 28일만 인증한다. 나머지 2~3일은 쉬는 날이다. 28일 동안 매일 육천 보를 걷느라 몰아붙였으니 한껏 풀어지는 날도 있어야 하지 않을까? 언젠가 158보를 기록한 날이 있었다. 침대와 소파, 방바닥에서 뒹굴뒹굴하다가 식사 시간에만 잠깐 일어나 밥을 먹고 누웠던 기억이 난다. 이러고도 살아 있는 게 용하다며 다들 놀라워했다. 어쩌겠는가. 이것이 나인 것을. 그래도 쉬는 날 덕분에 포기하지 않고 육천 보를 걷고 있으니 다행이지 싶다.

'반일미'는 주중에만 인증, Rest day, Refill day라는 규칙이 있다. 만약 새벽에 일어나지 못했다면 Rest day, 즉 쉬는 날로 인정하고 대신 주말에 일찍 일어나 Refill day로 채운다. 어떻게든 성공 경험을 주고자 하는 임가은 작가(러브봉봉)의 마음이다.

하루도 빠짐없이 실천해야 습관이 된다는 생각에 압박감을 느끼기도 한다. '쉬는 날'은 실천하지 못했다는 좌절감을 덜어준다. 부끄러움을 떳떳함으로 바꿔준다. 빈틈없는 일상이 버겁게 느껴질 때 만나는 여유다. '쉬는 날'은 마음을 다잡고 다시 도전할 수 있게 한다.

매년 1월 1일이면 많은 이들이 좋은 습관 만들기를 시작한다. 누군가는 운동, 누군가는 금연, 누군가는 공부. 하지만 작심삼일로 끝나는 경우가 많다. 혼자가 힘들다면 함께하자. 서로 다독이고 응원하면서 힘을 얻으면 꾸준히 할 수 있다. 어느 날 매일 하던 일이 의미 없이 느껴지고 지루해지면 이룬 것들을 떠올려보자. 잘해왔다고 칭찬하고 자랑하자. 습관을 몸에 익히기 위해 빠듯한 일상을 보내고 있다면 쉬는 날을 선물하는 것도 좋다. 마음 편하게 한숨 돌리는 시간이 필요하기 때문이다. 멈추면 그 자리가 종착지가 되지만, 다시 출발하면 더 멀리 나아갈 수 있다. 고비를 넘기고 버티다 보면 21일이 66일이 되고 100일이 되어 어느새 신경 쓰지 않아도 자연스럽게 실천하는 날이 올 것이다. 그렇게 좋은 습관은 성장하는 삶을 살게 한다.

꿈을 이루는 습관

— 조보라

내가 가진 강점이 무엇일까? 누군가 물어보면 '끈기'라고 답하곤 했다. 무엇이든 하나를 시작하면 진득하게 해내는 편이었다. 학교 생활 지각 없이 12년 개근했다. 직장도 16년째 다니고 있다. 예전에는 이런 부분을 당연하게 여겼다. '이게 뭐 대수냐? 누구나 다 그러는 거 아니야'라고 생각했다.

직장 생활에서 다양한 사람을 만나게 된다. 일 시작한 지 일주일 만에 그만두기도 하고, 한 달 만에 그만두는 사람도 보았다. 출근하지 않아서 연락해보니 오늘부터 직장에 나가지 못하겠다고 통보하는 사람도 있었다. 당연한 것이 아니었구나 알게 된다.

어릴 적부터 마음에 품은 꿈이 책을 내는 일이었다. 하지만 꿈만 있었을 뿐, 실행할 어떤 계획도 없는 상태였다. 어떤 주제로 언제 책

인생은 습관이 전부다

을 낼 것인지 구체적인 목표가 없었다. 출간에 필요한 정보도 가지고 있지 않았다. 게다가 글 하나도 쓰지 않으면서 책을 출간하겠다는 것은 허무맹랑한 이야기였다. 비행기도 타지 않고서 파리에 있는 에펠탑을 보러 가겠다고 하는 것과 같다고나 할까.

책을 내려면 글 쓰는 습관은 필수적이다. 꾸준히 글을 쓰고 연습하는 것을 시작했다. 하루 한 개의 글을 작성하고 블로그에 포스팅하기로 결심했다. 여행을 갔거나 아프더라도 글쓰기를 건너뛰지 않는다. 블로그는 나 혼자 보는 것뿐만 아니라 다른 사람에게 공개적으로 선포하는 효과가 있다. 이전에는 내가 쓴 글을 보여주기 쑥스러워서 혼자만의 기록으로 보관했지만 이제는 용기를 내어 전체 공개 발행 버튼을 누른다.

나 스스로와의 약속, 다른 사람들과의 약속으로 이중 계약을 체결한다. 단단한 힘이 된다. 블로그에 포스팅하면서 글을 쓰는 작업이 처음에는 쉽지 않았다. 매일 무슨 내용을 써야 할지, 어떤 주제로 써야 할지 막연했다. 머릿속에 있는 생각을 언어로 표현하고 문장으로 구성하는 것이 쉽지 않았다. 우선 책을 읽은 소감, 명언을 읽고 느낀 점, 일상에서 겪은 일 등을 자유롭게 써 내려갔다.

내일은 어떤 글을 쓰지? 쓸 내용이 있을까? 쓸 내용이 없다는 마음이 들다가도 막상 컴퓨터를 켜고 키보드 위에 손을 얹고 쓰다 보면 희한하게 글이 써지는 마술이 일어난다. 글을 쓸수록 점점 글감이 풍성해진다. 지나가다가 새롭게 발견하는 것이 많아진다. 똑같이 지나가던 길인데 새롭게 보이기 시작했다. 요즘엔 길을 가다가 자꾸 멈춘다. 들풀도, 나무도 나에게 말을 건다. 멈춰 서서 그것을 자세히 바라본다. 그 속에서 아름다움이 보인다. 일상을 새롭게 발견하는 기쁨을 느낀다.

매일 포스팅을 하다 보니 글 쓰는 연습도 자동으로 하게 된다. 글을 발행하기 전에 읽어보고 맞춤법 검사도 한다. 발행 후에도 다시 읽어보고 수정하고 고칠 수 있다. 이런 과정을 반복하다 보면 글 쓰는 실력도 늘어날 것이라 믿는다.

블로그에 글을 발행하니 이웃들의 댓글이 달린다. 이웃들이 보내주는 응원으로 힘이 난다. 누군가로부터 응원을 받는 것이 이토록 힘이 나는 일인지. 다른 사람들이 보내주는 응원은 글쓰기를 지속하는 힘이 되어준다.

당신은 어떤 꿈을 꾸고 있는가? 이루고 싶은 꿈이 있는가?

첫 번째, 목표를 구체적으로 명확하게 수립해야 한다. 막연하게 꿈꾸던 일을 선명하게 만드는 과정이 필요하다. 무엇을 해야 할지 명확하지 않다면 그것이 이루어졌는지조차 알 수 없다. 어디로 가야 할지 명확하게 목적지를 알지 못한 채 가는 길은 불안과 걱정으로 가득 찰지도 모른다. 자신의 인생에 꼭 이루고 싶은 것을 A4 용지에 생각나는 대로 적어본다. 그중 내가 진짜 이루고 싶은 것에 동그라미를 친다. 그 목표를 이루기 위해 이제는 해야 할 부분, 필요한 정보를 적어본다.

가령, 독서 목표를 정한다고 해보자. 책 한 권 읽지 않는 사람이 한 해에 100권 읽기를 목표로 세운다면 현실적이지 않을 뿐만 아니라 달성 가능한 수준이 아니다. 내가 할 수 있는 수준, 달성 가능한 수준보다 살짝 높게 목표를 정하는 것이 중요하다. 아예 책을 읽지 않는 사람이었다면 읽고 싶은 책을 선정하고 하루에 10분 책 읽기, 하루 한 장 책 읽기와 같이 구체화해본다.

독서, 운동, 공부, 책 발간 등 본인이 이루고자 하는 목표를 찾았다면 목표를 구체적으로, 측정 가능하게, 달성할 수 있도록, 현실적으로, 기간을 구체화하여 정해야 한다.

두 번째, 정한 목표를 공표해야 한다. 내 눈에 보이도록 써서 붙여놓는다. 다른 사람들에게도 그 목표를 알린다. 혼자 마음속으로 결심해도 다른 사람에게 공유하는 것만큼 강력한 힘은 없다. 목표를 내 눈으로 확인하고, 다른 사람들에게 알릴 때 그 약속을 지키기 위한 힘이 커질 것이다.

세 번째, 목표를 이룰 수 있도록 응원하는 집단이 필요하다. 아무리 좋은 뜻을 마음에 품고 훌륭한 계획을 세워도, 혼자서는 꾸준히 해나가기 어려울 때가 많다. 나의 계획을 응원해주는 사람들이 있으면 힘이 난다. 나와 비슷한 꿈을 가진 사람들, 목표가 같은 사람들과의 모임을 가져보는 것도 도움이 된다. 그 사람들과 함께할 때 조금 더 다양한 아이디어와 지혜를 얻을 수 있다. 좋은 자극은 좋은 습관을 갖게 하는 힘이다.

성실하게, 꾸준하게 할 수 있는 힘은 어디에서 나오는 걸까? 명확한 목표 의식을 갖고 그 목표를 사람들에게 공표할 때, 목표를 이루는 과정을 함께 나누고 응원하는 사람들이 있을 때 가능하다. 나를 응원하고 지지해주는 사람이 있을 때 힘이 난다. 힘들고 지칠 때 격려해주는 사람들을 떠올리며 다시 걸음을 떼게 된다.

덕분에 나는 두 번째 공저를 쓰고 있다. 이렇게 꾸준히 하다 보면 내가 쓴 책들이 한 권 한 권 늘어날 거라 믿는다. 꿈을 이루는 습관, 함께 시작해보자.

재미와 감사

— 홍지연

인스타그램을 어떻게 꾸려나가야 할지 막연했을 땐 프로필에 '일상을 특별하게'라고 적어놨다. 하지만 지금은 캘리 제페토 크리에이터라는 수식어를 적는다. '캘리그라퍼'와 '제페토 크리에이터'를 합친 말이다. 우열을 가리기 어려울 정도로 팽팽하게 활용을 하기에 따로 쓸 수가 없었다. 제페토 앱에는 재미있는 포즈와 움직이는 영상 템플릿을 내 아바타에 적용할 수 있다. 그게 어찌 보면 가장 큰 장점이다. 슬플 때나 기쁠 때, 이벤트가 있을 때 등 다양한 상황에서 내 아바타가 내 사진 속에 있어준다. 음식 사진을 찍고 옆에 나와 닮은 아바타를 불러본다. 여기저기 배치해보기도 하고 재미있는 포즈를 불러온다. 춤추는 동영상 템플릿을 적용해 원하는 배경에서 신나게 친구들과 춤을 추기도 한다. 처음에는 아이들의 소꿉놀이 정도로 생각했다. 하지만 이미지와 영상을 편집하다 보니 활용할 수 있는 곳이 많았다. 인스타그램이나 틱톡에 영상을 올려보면 반응도 좋았다. '신기하다, 웃기다, 재미있다.' 반응을 보여주면 기분 좋고 뿌듯했다.

제페토의 다양한 기능을 알려준 독서 모임 멤버가 아니었다면 시작조차 하지 않았을 거다. 처음엔 강의 후기용으로 릴스에 올리는 게 시작이었다. 제페토 아바타는 표정이 다양하고 동작들이 풍부하다. 나는 춤을 잘 못 추지만 제페토는 음악에 맞춰 잘 추는 모습을 보니 대리만족도 됐다. 배운 걸 토대로 앱으로 영상 편집을 하고 인스타그램 릴스에 올렸다. 무료로 듣기엔 너무 많은 것을 배워서 고마운 마음이 컸다. 영상과 다양한 포즈를 활용해서 스토리를 꾸몄다. 첫 공저 책『속도를 줄이면 비로소 보이는 것들』이 나왔을 때 내가 잘하는 걸로 홍보하는 방법을 연구했다. 앱에 있는 템플릿을 적용해 저장하고 영상 편집 앱으로 이어 붙여 적당한 음악을 담았을 뿐이었지만 반응은 뜨거웠다.

제페토는 네이버 자회사인 네이버 Z에서 만든 플랫폼으로, PC와 휴대폰에서 활용할 수 있는 아바타 활용 앱이다. 코로나19로 사람을 만나는 게 어려웠을 때, 줌을 통해서 제페토 수업을 받았고 사람들과도 소통할 수 있었다. 좀 더 잘하고 싶은 마음에 수업을 계속 듣다 보니 제페토를 활용하는 게 익숙해졌다. 의상 만들기 수업이 흥미로워 배우고 있던 캘리그라피와 접목하다 보니 내 글씨의 부족한 점을 인식하는 계기도 됐다. 원하는 패턴으로 티셔츠와 원피

스를 만들고 승인이 되면 신나서 영상으로 만들어 릴스에 올리기도 하고, 의상을 색깔별로 만들거나 캘리그라피 글씨를 의상으로 만들어 색다른 편집을 했다.

그 후에도 제페토 앱 세상에서 혼자 놀기의 진수를 보여주며 살고 있다. 가끔 제페토 활용에 대해 알려주기도 하고 일상 사진이나 영상, 인스타그램 피드를 꾸밀 때도 활용한다. 지금은 제페토 의상 디자인뿐 아니라 콘텐츠를 만드는 도구로도 사용하며 편집하고 있다. 처음엔 새로운 템플릿이 나오면 적용해보는 정도였다. 가끔 작가님들을 닮은 제페토를 만들어보기도 하고, 영상의 배경화면을 책 표지로 만들기도 한다. 혼자 끄적이고 말았다면 2년 넘게 지속하지 못했을 거다. 조금 다르게 할 수 있지 않을까 하는 작은 끄적임이 이어져 뮤직비디오 같은 영상을 만들게 되기도 했다.

이제는 자기소개를 할 때 '캘리 제페토 크리에이터 망고파인 홍지연'이라고 말한다. 망고파인의 뜻은 '망고 파인애플 주스'의 줄임말이다. 나에게 좋은 기억을 선물해준 고마운 주스다. 비행기를 처음 타고 신혼여행으로 간 필리핀 보라카이 섬. 그곳에서 가장 맛있게 먹었던 게 망고 파인애플 주스였다. 해외여행에서의 좋았던 기억처럼 온라인에서도 좋은 일들이 많이 생기길 바라는 마음으로 닉네임을 만들었다.

제페토 의상을 판매하며 수익을 올리는 사람들도 있고, 월드라고 해서 3D 가상 공간을 만들어주는 걸로 수익을 창출하는 사람들도 있다. 전 세계의 가입자가 4억 명이다. 재미있게 활용할 수 있는 이 무료 앱에는 여전히 새로운 템플릿이 나오고 있다. 그에 맞춰 나도 새로운 템플릿이 나올 때마다 적용하며 다양한 포즈로 콘텐츠를 만든다. 캘리그라피와 제페토를 지속할 수 있던 열쇠는 가볍고 재미있게 적용할 수 있어서다. 하나만 가지고 가기엔 깊이가 부족하다 느껴져 꾸역꾸역 두 개를 같이 가져갔다. 남들과는 조금 다르게 잘 활용하고 있는 제페토 활용 방법을 주변에 궁금해하는 지역 친구들에게도 알려주려고 한다. 찍어놓은 사진을 제페토 옷에 넣어보기도 하고, 만든 캘리그라피 엽서 사진을 제페토 옷으로 만들기도 했다. 글씨만으로도 의상을 만들었다. 만들다 보니 200벌이 넘었다. 답은 항상 내 안에 있다. 부족하다고 생각했던 두 개의 콘텐츠가 나를 특별하게 만들어줬다. 현실 세계에서 입는 내 옷은 거기서 거기다. 하지만 제페토 앱 세상에서는 얼굴부터 헤어스타일까지 내가 원하는 대로 바꿀 수 있다.

'일상을 특별하게' 코로나19 시기에 인스타그램을 배우며 프로필에 써놓았던 한 줄처럼 오늘도 감사한 마음으로 제페토 앱을 열어본다. 작은 앱으로 일상을 특별하게 해주는 재미를 더 많은 사람들이 알고 활용하면 좋겠다. 일단 해보기 위해서는 시작해야 한다. 습관을 꾸준히 가져가고 싶다면 감사한 마음과 재미만 장착한다면 그다음은 시간이 해결해줄 것이다. 그 옆에서 나도 조금은 도움이 되는 사람이 되면 좋겠다. 거창하게 시작할 필요는 없다. 내 장단에 맞춰 꾸준히 하는 일이 습관 지속의 열쇠가 아닐까?

마치는 글

김윤정

많은 사람이 도미노 조각의 줄을 맞추고 있었다. 한 치 삐뚤어짐이 없다. 간격도 일정하다. 한 조각이 넘어지자 세워져 있던 다른 조각들이 쓰러졌다. 숨소리조차 들리지 않았다. 아무도 그 자리에서 움직이지 못했다. 사람들의 망연자실한 표정 뒤로 도미노 조각이 보였다. 흩어진 줄 알았던 조각들이 알록달록한 색으로 멋진 그림을 만들었다.

지난 내 삶은 넘어진 도미노와 같이 아픈 상처들로 가득한 줄 알았다. 숨기고 가리기만 했다. 내가 겪었던 어려움과 아픔을 글로 쓰고 있다. 마음속 상처가 회복되는 듯하다. 피하기만 했던 과거의 경험들을 이제는 당당하게 마주한다. 쓰러진 도미노가 만든 멋진 그림처럼, 슬프기만 했던 지난날이 훌륭한 작품이 되었다. 지나간 일은 신이 나를 위해 준비한 경험이었다. 원망과 분노의 감정들이 용서와 이해로 다가온다. 연민으로 바뀌는 기적을 알아가는 중이다.

김효진

변하고 싶다, 무기력과 게으름에서 벗어나고 싶다고 생각했다. 습관에 관해 특별한 이야기를 할 만한 경험이 없다고 생각했다. 시간을 두고 삶을 돌아본다. 특별해 보이지 않는 일상에도 습관이라 불릴 만한 행동이 가득했다. 알람을 대하는 방식, 아이들을 깨우는 말, 치약 누르는 부분, 쌀을 씻는 방향, 문을 잡는 손가락, 설거지하는 시간, 펜을 드는 행동, 일을 급하게 마무리 짓기, 안 된다는 부정적인 생각까지. 매일 반복되는 일상적인 행동부터 눈치 채지 못한 사소한 습관들이 모여 내 삶을 만들었음을 깨닫는다. 습관이 삶의 전부라는 생각이 단단해진다.

좋아하는 문장이 있다. '생각을 바꾸면 행동이 바뀌고, 행동을 바꾸면 습관이 바뀌고, 습관을 바꾸면 운명이 바뀐다.' 공저를 쓰며 이 한 문장의 깊이를 더 이해할 수 있게 되었다. 습관은 운명도 바꿀 수 있다. 이 책을 접하는 모든 분이 습관을 만들어 원하는 운명을 향해 갈 수 있기를 진심으로 바란다. 더불어 공저를 기획하고 함께 쓴 작가들에게 감사한 마음을 전한다.

백란현

여섯 번째 공저를 마무리한다. 공저 원고를 쓸 때마다 지인들이 또 쓰냐고, 대단하다고 말한다. 나는 그렇게 생각하지 않는다. 내가 책을 쓸 수 있었던 까닭은 한 팀을 이룬 공저자 덕분이기 때문이다.

자기 계발서를 쓰고 싶었다. '습관'이란 단어를 듣자마자 '어떻게 쓰지' 하는 생각이 들었다. 원고 작업을 하면서 내가 확실하게 가지고 있었던 습관을 확인했다. 하겠다는 말부터 던져놓는다. 그리고 해결한다. 이러한 내 모습 때문에 업무량이 늘어서 좌절한 적도 있었다. 괜히 나섰다가 스트레스 받는 일이 허다했다. 이번 책을 세상에 내놓으면서 새롭게 다짐한다. 말을 던졌으면 좌절도 하지 않기로 말이다. 못하겠다는 말은 내 사전에서 지운다. 백작(白作)은 해내는 사람, 신뢰할 수 있는 작가라고 내가 나를 인정해줄 생각이다. 좋은 일만 있을 수는 없다. 다 그만두고 싶을 때 일어서는 힘은 '습관'에 달려 있다.

어떤 순간이 닥치더라도 오늘도 읽고 쓰는 작가이자 라이팅 코치로서 살아가려고 한다. 지금도 나, 백작은 하얀 종이에 작품을 짓는다. 나를 담은 글이 독자의 삶에 작게나마 빛이 되길 바란다.

서영식

　좋은 습관을 위해 노력한 시간은 배신하지 않는다. 꾸준히 반복한 시간은 변화를 만든다. 성공하는 사람들의 습관은 대단한 일처럼 보이기도 한다. 뭔가 특별한 일을 해야 한다는 부담감이 있을 수 있다. 어렵게 생각하지 않는다. 하나씩 맛을 볼 수 있는 성공 체험이 중요하다. 작지만 내가 할 수 있는 것부터 하나씩 찾는다. 당장 할 수 있는 사소한 일이라도 조금씩 해보면 달라지는 경험을 할 수 있다. 변화하는 내 모습을 만나는 순간 계속하고 싶어진다. 스스로 압박하면 지속하기 쉽지 않다. 재미와 즐거움을 찾는다. '오늘도 해냈어. 잘했어.' 매일 칭찬한다. 짧은 시간이라도 계속 반복하는 좋은 습관은 더 큰 일을 할 힘이 된다. 하루하루 쌓이는 시간이 모여서 나를 변하게 한다. 어제의 나보다 오늘의 내가 좀 더 성장할 수 있게 만든다. 1년 후 나에게 해줄 말을 생각해본다. "그래, 그때 그렇게 하길 잘했어. 지금의 네 모습은 좋은 습관 덕분이야." 이 글을 읽는 분들도 자신만의 좋은 습관을 찾았으면 한다. 1년 뒤 자신에게 할 말을 생각하는 기회가 되길 바란다.

인생은 습관이 전부다

송슬기

　매일 삶을 기록하고 매일 책을 읽은 지 1년 조금 지났다. 글을 쓰면서 삶을 돌아봤다. 어제보다 나은 내가 되기 위해 노력하고 있지만 여전히 망설일 때도 있다. 후회한 적 많았다. 주저하다가 기회를 놓치고 싶지 않아 공저에 참여했다.

　책을 읽으며 위로받은 순간이 많다. 내가 받은 만큼 나누고 싶었다. 작은 습관이 삶을 조금씩 변화시킬 수 있다고 생각하며 내 경험을 그대로 썼다. 과거에는 시간을 흘려보내기만 했다면, 이제 일상에서 할 수 있는 좋은 습관을 채워나가고 있다.

　꾸준히 하는 것, 귀찮았고 쉽지 않았다. 어떻게 해야 할지 몰라 삶을 단순하게 바꿨다. 결과보다 실천에 집중해 '무식하다' 싶을 정도로 반복하고 있다. 목적도 없이 무기력하게 살았다. 큰 변화는 아니지만 조금씩 성장하고 있다는 것에 의미도 생긴다. 내가 만들어가는 사소한 습관이 더 나은 삶을 만들어갈 것이라는 확신이 생긴다. 다시 가슴이 뛴다. 어떤 인생을 만나게 될지, 매일 기대가 된다.

이현주

습관이 중요하다는 것, 알았지만 행동하지 않았다. 아는 것과 실행하는 것의 차이를 경험함으로써 확실히 깨달았다. 한없이 미루고 투덜대는 나쁜 습관을 버렸다. 나에게 맞는 좋은 습관을 만들었다. 칭찬은 고래도 춤추게 한다는 말처럼 좋은 습관은 나를 춤추게 했다. 하루하루 해야 할 일에 집중할 수 있게 했다. '오늘도 해냈다' 하는 작은 성공이 모여 원하는 목표를 이룰 수 있도록 도왔다. '지금 하지 않으면 내일도 할 수 없다'라는 말처럼 지금 당장 실천하는 게 중요하다. 행동하니 변했다. 당연하다고 생각했던 아침, 가족의 사랑, 시원한 바람과 따뜻한 햇살 등 일상에 감사하는 마음이 생겼다. 삶이 더 풍요로워졌다. 좋은 습관은 나에게 '카이로스', 즉 특별한 기회와 의미 있는 시간을 선물했다.

자이언트 북 컨설팅을 만나 공저『오늘이 전부인 것처럼』,『쓰면 달라진다』를 출간했다. 전자책으로는『오십, 책으로 나를 찾다』가 있다. 이제 라이팅 코치로 한 발짝 내디뎠다. 글을 쓰고 싶고, 책을 출간하고 싶은 사람들과 함께 읽고, 함께 쓰는 삶을 꿈꾼다. 인생의 변화, 나의 습관은 현재 진행형이다.

인생은 습관이 전부다

장춘선

공저를 같이 쓰자고 했다. 주저 없이 좋다고 했다. 시작하면 끝낼 수 있다는 것을 안다. 첫 공저 『글쓰기를 시작합니다』 집필 경험은 할 수 있다는 자신감을 불러일으켰다. 시작은 할까 말까 망설여진다. 고난 끝에 성공이 있다는 것을 알면 못 할 게 없다. '습관'이 주제였다. 나에게 습관이 있나? 뾰족한 게 생각나지 않았다. 그냥 삶에 묻혀 살다 보니 지금의 모습이라 생각했다. 선택과 집중. 살면서 숱한 갈림길을 만났다. 선택이 곧 습관이었다. 잘 해내려고 노력했다. 망설이지 않고 '시작'할 수 있는 것도 최고의 습관이 아닐까. 계획 없이 무턱대고 시작부터 하는 편이다. 부딪히면 해결한다. 차근차근 계획해서 시작한 사람보다 과정은 힘겨울 수도 있다. 하지만 고민만 하고 시작하지 않는다면 무슨 소용이 있겠는가. '할 수 있을까?' 생각만 했다면 공저를 쓸 수 없었다. 출간 계약까지 한 달가량 시간이 주어졌다. 직장 일도 해야 하고, 글쓰기 강의도 들어야 했다. 이제 마치는 글을 쓰고 있다. 쉽게 시작하는 습관이 있었기에 가능했다. 아직은 글쓰기 실력이 부족하다. 꾸준히 시작 횟수를 늘려 성과물을 만들기로 했다.

정은정

"여보, 나에게 어떤 습관이 있지?" "미루는 습관." 부끄럽지만 그렇다. 하루치 설거지를 모아두었다가 저녁에 몰아서 하는 것처럼 집안일을 할 때 특히 그렇다. 반면 직장 일이나 성장을 위한 일에는 얼마나 부지런히 움직이는지 모른다. 출근하면 먼저 책상과 응급카트, 약품 수납장의 먼지를 털고 소독 티슈로 깨끗하게 닦는다. PC 바탕화면의 메모 앱을 켜고 할 일을 확인한다. 일이 생기면 바로 기록해두기 때문에 놓치는 경우는 거의 없다. "채원 선생님, 나에게 어떤 습관이 있죠?" "도전하는 습관이요." "가린 선생님, 나에게 어떤 습관이 있죠?" "해내는 습관이요." 부족한 게 많다는 것을 알기에 끊임없이 꿈을 꾸고 나아가기 위해 애를 썼다. 공부하고 책을 보고 실천 모임도 만들었다.

　부러움이 많았던 나는 이제 부러움의 대상이 된다. 돈이 많거나 높은 자리에 올라서가 아니다. 나에게 집중하고 성장하기 때문이다. 무엇이 필요한지 생각하자. 집안일을 부지런히 해치우는 습관이 내게 필요한 것처럼 말이다. 그리고 좋은 습관을 만들기 위해 노력하자. 그렇게 더 나은 나로 팔십 인생을 채우길 바란다.

　인생은 습관이 전부다

조보라

　다른 사람에게 내놓을 만한 좋은 습관을 과연 가지고 있는 걸까? 처음에는 이런 질문에 시원하게 답이 나오지 않았다. 곰곰이 생각해보니 나를 움직이는 중요한 습관이 이미 내 몸에 배어 있다는 것을 알게 되었다. 이 책을 쓰며 내가 가지고 있는 좋은 습관을 정리하는 시간을 가질 수 있어서 의미 있었다. 보물을 캐는 작업이었다. 습관이란 거창한 것이 아니다. 매일의 삶에서 반복되는 삶의 흔적이었다. 지극히 사소해 보이는 습관이지만, 그 사소함이 내 삶을 이끌어간다는 것을 배운다. 만나는 사람에게 인사를 건네고 감사를 표현한다. 일상을 관찰하고 글을 쓰며 살아간다. 인생 후반전, 시작에 서 있다. 그동안 숨 가쁘게 살아왔다. 열심히 최선을 다했다. 지금까지 다져놓은 기본기를 바탕으로 앞으로의 인생은 좀 더 가치 있게 살고 싶다. 한 번뿐인 인생, 나만의 캔버스에 나의 그림을 그리며 살아야지. 이 책을 발간하며 아름다운 삶의 흔적을 남길 수 있어서 감사하다. 한결같은 응원을 보내주는 소중한 가족들과, 환대받는 기쁨을 알려주는 친구들과 이웃들에게 고마움을 전한다.

홍지연

무작정 습관을 만들어보려고 했을 땐 어려웠다. 그동안 꾸준히 지속하며 습관으로 만들 수 있었던 건 코로나19 시기였기에 가능했다는 생각마저 든다. 온라인 세계를 좀 더 알아가다 보니 그곳에서 만난 사람들과 연결되고 인연이 되어 캘리그라피도 꾸준히 할 수 있었고 제페토 앱을 활용한 콘텐츠도 만들 수 있었다. 혼자서만 끄적이고 만족했다면 이만큼 활용하고 성장할 수 있었을까? 2년 전 필사하며 적어놓은 글씨만 보더라도, 지금 이만큼 달라진 글씨를 보면 신기하다. 그게 습관의 힘인 것 같다. 내세울 만한 큰 성과는 없지만 SNS를 시작했기에 그동안 성장한 글씨나 콘텐츠를 보며 방향을 잡아가고 있다. 꾸준히만 한다면 어떤 바람이 불어도 지금처럼 글을 쓰고 콘텐츠를 만들고 알리며 살아갈 수 있겠다. 내 박자에 흥겨워 놀다 보면 다른 사람들이 온다는 박막례 할머니 말처럼 내 장단에 맞춰 콘텐츠를 만들고, 나누며, 읽고 쓰는 삶을 살다 보면 외롭지 않은 인생 만들 수 있을 거란 생각이 든다. 바짝 배운 것들 잘 나누고 살아야겠다.

인생은 습관이 전부다